Hans-Wilhelm Windhorst

Spezialisierung und Strukturwandel der Landwirtschaft

Einführung: Problemstellung und Ziele — Fallstudien

Die zunehmende Tendenz von Agrarbetrieben, sich auf einen oder wenige Produktionszweige zu spezialisieren, ist im mitteleuropäischen Raum eine Erscheinung, die erst in den Jahren nach dem Zweiten Weltkrieg verstärkt um sich greift. In den überseeischen Neusiedelräumen hat sich demgegenüber schon früher eine Hinwendung zu bestimmten Gütern ergeben. Die Ursachen dafür sind einmal in der Möglichkeit zu sehen, sich herrschenden natürlichen Gegebenheiten optimal anpassen zu können und zum anderen in der Marktausrichtung der Produktion. Das Zusammenspiel dieser Faktoren führte dazu, daß charakteristische Betriebsformen und Betriebssysteme entstanden, teilweise ergab sich sogar eine Dominanz bestimmter Produktionszweige über größere Räume, wenn man z. B. an die Agrarwirtschaftsgürtel (*belts*) in den USA denkt. Hier sind in jüngster Zeit jedoch ebenfalls Wandlungen eingetreten (HOFMEISTER 1972, WINDHORST 1975 b).

Teilweise ist es aus diesen überseeischen Gebieten zu einem Rückfließen neu entwickelter Formen nach Europa gekommen, die auch hier die agrarische Produktion hinsichtlich ihrer Struktur und ihres räumlichen Ordnungsgefüges sehr wesentlich beeinflußten. Diese neuen Methoden in der Erzeugung agrarischer Güter sind häufig so jungen Datums, daß sie erst in geringem Maße in leicht zugänglichen wissenschaftlichen Publikationen vorgestellt worden sind. Um auch im Rahmen des Unterrichts in der Sekundarstufe II und den Anfangssemestern des Hochschulstudiums diese Entwicklung verdeutlichen zu können, ist dieses Heft konzipiert worden. Dabei wurde bewußt eine räumliche Einengung der Beispiele vorgenommen (vgl. II, 1). In Form von Fallstudien sollen typische Grundformen spezialisierter Agrarbetriebe vorgestellt werden. Dabei wird versucht, die gesamte Breite vom traditionellen landwirtschaftlichen Familienbetrieb auf der einen bis zum agrarindustriellen Massentierhaltungsbetrieb auf der anderen Seite zu erfassen. Betriebsbeispiele aus dem Mittelwesten der USA[1] werden einen Vergleich der Formen ermöglichen, die dort vielfach auf völlig unterschiedlicher Basis entstanden sind, aber dennoch sehr große Übereinstimmungen erkennen lassen. Das Schwergewicht wird allerdings eindeutig auf die Verhältnisse in der Bundesrepublik Deutschland gelegt. Das Zurückverfolgen bis zum Einzelbetrieb erscheint notwendig, um aufzuzeigen, wo letztlich die Entscheidungen für eine Spezialisierung fallen, die einem Agrarwirtschaftsraum sein charakteristisches Gepräge verleihen. In Ergänzung zum FRAGENKREISHEFT von D. BARTELS soll hier auf *unterster Ebene* das Material bereitgestellt werden, welches die dort dargestellten Probleme anhand von Fallstudien zu vertiefen hilft. In Form von schematischen Übersichten und Modellen werden dabei transferierbare Erkenntnisse und Einsichten angestrebt, die es erlauben, auch unabhängig vom oben angeführten Heft ähnlich gelagerte Beispiele vor allem im unmittelbaren Nahbereich durch Eigenbeobachtung, Besichtigungen, Exkursionen und Auswertung des vorhandenen Materials selbsttätig zu erarbeiten (Gruppenarbeit).

I. Analyse des Problemfeldes

1. Strukturelle Wandlungen auf dem agrarischen Produktionssektor der Bundesrepublik Deutschland

Die Landwirtschaft in der Bundesrepublik ist gegenwärtig in einem raschen Prozeß der Umstrukturierung begriffen. Abnehmende Betrie[illegible] und Rückgang der in

[1] Die Betriebsbeispiele aus den USA wurden auf eine[illegible] schungsreise im Sommer 1973 eingehend analysiert. Ih[illegible] botene Möglichkeit recht herzlich gedankt.

der Landwirtschaft Beschäftigten auf der einen sowie wachsende Produktion unter Einsatz technischer Hilfsmittel auf der anderen Seite charakterisieren die Situation. Rationalisierung der Produktionsabläufe und Spezialisierung in den Produkten sind ebenso bezeichnend wie die immer weiter um sich greifende Konzentration innerhalb bestimmter Erzeugergruppen. Diese Wandlungen verlaufen nicht ohne Härten für diejenigen, die gezwungen sind, ihre bisherige Tätigkeit aufzugeben. Sie sind aber notwendig, um gegenüber der Konkurrenz aus den Mitgliedsländern der EG und aus Drittländern auf dem Agrarmarkt bestehen zu können. Um den in der Landwirtschaft Verbleibenden gleiche Einkommen wie den übrigen Erwerbstätigen zu verschaffen, wird es nötig sein, bis 1980 die agrarische Produktion mit 1,1 bis 1,5 Millionen Arbeitskräften zu bewältigen, was einer Abwanderung von etwa der Hälfte aller Erwerbstätigen aus diesem Sektor gleichkommt. Nur auf diese Weise wird es gelingen, das Durchschnittseinkommen zu steigern, weil sich der erzielte Gewinn auf weniger Erwerbstätige verteilt. Bei nur langsam zunehmender Bevölkerung ist in absehbarer Zukunft nicht mit einer rasch wachsenden Nachfrage nach Agrarprodukten zu rechnen, was natürlich nicht ohne Einfluß auf die zu erwartende Preisentwicklung bleiben wird. Eine Verringerung der Arbeitskräftezahlen in diesem Umfang wird allerdings nur möglich sein, wenn es gelingt, die Art der Produktion zu verändern, d. h., der veränderten Ausgangssituation angepaßte Betriebsformen zu entwickeln. Der Einsatz technischer Hilfsmittel und die Spezialisierung auf ein oder wenige Produkte sowie Konzentration und Kooperation der Produzenten und gemeinsame Vermarktung bieten sich als mögliche Wege an.

2. Das Problem „Spezialisierte Landwirtschaft"

H. BARALL schrieb 1967 im Vorwort seines Buches:

„Die westdeutsche Landwirtschaft befindet sich zur Zeit in einem Umwandlungsprozeß von bisher nicht gekanntem Ausmaß. Sie steht vor der Notwendigkeit, alte Betriebsformen vollständig abzubauen und im Hinblick auf den Aufbau der Betriebsorganisation neue Wege einzuschlagen.
Keinem Menschen würde es leichtfallen, plötzlich vom traditionellen Denken in eine vorwiegend wirtschaftliche Verhaltensweise umzuschalten. Aber die Veränderungen, die sich heute überall in der Wirtschaft zeigen, zwingen dazu, so zu handeln. ... Der Konkurrenzkampf der landwirtschaftlichen Produzenten untereinander hat schon begonnen. Und derjenige wird ihn glücklich bestehen, der in der Lage ist, am billigsten zu produzieren."

Inzwischen sind mehrere Jahre vergangen und das Problem der Umstrukturierung der Landwirtschaft ist so aktuell wie zuvor. Vielfältig sind die eingetretenen Wandlungen hinsichtlich des Umfanges und der Art und Weise der agrarischen Produktion. Teilweise werden Güter dieses Sektors in Betrieben erzeugt, die schon nicht mehr als landwirtschaftliche Unternehmen bezeichnet werden können. Die zunehmende Rationalisierung und Mechanisierung der Erzeugung zwingt den heutigen Landwirt dazu, sich e i n e r Produktionsrichtung zuzuwenden, will er konkurrenzfähig bleiben.
Der sich vollziehende Wandel kann als Übergang von einem vielseitig orientierten landwirtschaftlichen Betrieb zu einem spezialisierten landwirtschaftlichen Unternehmen bezeichnet werden. Diese betriebliche Umstrukturierung hängt von einer Vielzahl von Faktoren ab, und erst ihr Zusammenspiel ergibt die Möglichkeit einer Neuorientierung.
Die heutige agrarische Produktion ist in den wenigsten Fällen auf die Selbstversorgung ausgerichtet, sondern m a r k t o r i e n t i e r t. Jede Umstrukturierung inner-

halb eines Betriebes ist also letztlich auf die Frage zurückzuführen, welche Marktleistung er bringen kann, und ob er in seiner Stellung gegenüber anderen Konkurrenten zu bestehen vermag.
Die Spezialisierung, die innerhalb der Landwirtschaft die größte Bedeutung erlangt hat, ist die tierische Veredlungswirtschaft, daneben jedoch auch andere Formen, z. B. Obstbau, Gemüsebau, spezialisierter Getreidebau usw.
Ein sehr wesentliches Moment in diesem Rahmen stellt die Person des Betriebsleiters dar. Er muß sich im Verlaufe seiner Ausbildung auf ein Spezialgebiet konzentrieren, denn nur dann wird er in der Lage sein, höchste Erfolge zu erzielen. Bei BARALL heißt es (1967, S. 29):

„Der Landwirt ist endgültig zum Unternehmer geworden! Wirtschaftliches Denken, kaufmännisches Verhalten, betriebswirtschaftliches Kalkül gehören ebenso zum Handwerkszeug wie früher die reine Bewirtschaftung von Grund und Boden und die Aufzucht und Pflege des Viehes. Heute erfordert spezielles Wissen eine Fachausbildung. Nur das befähigt ihn, Überdurchschnittliches zu leisten."

Wenn sich eine große Zahl von Landwirten nicht zu einer Spezialisierung entschließt, liegt das einmal daran, daß ihnen die notwendigen Kenntnisse fehlen, zum anderen sehen sie in der Konzentrierung auf einen Zweig der Erzeugung ein zu großes Risiko. Bei den gegenwärtig herrschenden Verhältnissen ist eine Vielseitigkeit jedoch keine bestmögliche Sicherheit. Diese wird nämlich erst dann gewährleistet, wenn ein Betrieb wirtschaftlich produziert und nach und nach in der Lage ist, Rücklagen zu bilden. Dies kann er aber nur, wenn er eine Qualitätsware erzeugt, für die auf dem Markt ein Bedarf besteht. Ein derart spezialisierter Betrieb ist jedoch nicht als statisches Gebilde anzusehen. Der Veränderung in der Nachfrage muß er durch Modifizierung seiner Erzeugung begegnen können. Die Dynamik des gesamten Wirtschaftsgeschehens muß auch in der Landwirtschaft Eingang finden, und zwar vor allem über den Betriebsleiter, der in seinen wirtschaftlichen Entscheidungen ebenfalls flexibel sein muß.

3. Die Situation auf dem Agrarmarkt der EG zu Beginn der siebziger Jahre

Bereits im vorangehenden Abschnitt ist darauf hingewiesen worden, daß die wirtschaftlichen Entscheidungen des Landwirtes gegenwärtig von der Frage bestimmt werden, welche Marktleistung er zu bringen imstande ist. Von nicht zu unterschätzendem Einfluß ist hierbei die Tatsache, daß jeder landwirtschaftliche Vollerwerbsbetrieb heute im Rahmen des Agrarmarktes der EG gesehen werden muß. Die Preisbildung wird weitgehend vom Angebot der Produzenten in den übrigen Mitgliedsländern mitbestimmt. Deshalb ist es notwendig, vorab die Situation wenigstens in den grundlegenden Zügen darzustellen. Im Agrarbericht 1972 der Bundesregierung heißt es (S. 45):

„Der gemeinsame Agrarmarkt steht im Zeichen einer Agrarproduktion, die in Teilbereichen schneller zunimmt als der Verbrauch. Ursache für die rasch steigende Erzeugung ist die vermehrte und schnelle Anwendung des technischen Fortschritts sowie eine unzureichende Anpassung des Faktoreinsatzes, besonders der Arbeitskräfte, an dieser Entwicklung."

Nicht in allen Bereichen ist eine gleiche Preisentwicklung zu erwarten, weshalb hier die für unseren Rahmen in Betracht kommenden Produkte kurz durchgemustert werden.

Im Bereich der Veredlungsprodukte ist beim Schweinefleisch in der EG ein Selbstversorgungsgrad von etwa 100% erreicht. Langfristig ist kaum mit einer weiteren Erhöhung der Schweinepreise zu rechnen, weil nach Erweiterung der Gemeinschaft die Konkurrenz noch zugenommen hat, und bei der Produktion noch einige Rationalisierungsreserven vorhanden sind. Außerdem wird sich die abzeichnende Bestandsvergrößerung und Konzentration in der Haltung fortsetzen. Im Gegensatz dazu wird beim Rind- und Kalbfleisch die Produktion im Wirtschaftsraum der EG nicht in der Lage sein, die Nachfrage zu befriedigen. Der Selbstversorgungsgrad betrug 1973 nur noch 82% im Gegensatz zu 88% (1971), was zu steigenden Erzeugerpreisen führte. Im Bereich der Kälber- und Rindermast ist somit eine günstige Wirtschaftsentwicklung zu erwarten.
Im Jahre 1960 lag in der Bundesrepublik Deutschland der Selbstversorgungsgrad bei Eiern mit etwa 60% weit unter dem Durchschnitt der anderen Mitgliedsländer des gemeinsamen Marktes. Dann setzte jedoch sehr schnell eine Bestandserweiterung ein, so daß 1970/71 bereits 86% der Nachfrage aus der inländischen Produktion gedeckt werden konnten, 1972/73 waren es 83%. Im Jahre 1969/70 wurde im gesamten EWG-Raum der Selbstversorgungsgrad sogar überschritten, so daß es aufgrund der zunehmenden Einfuhren zu Preiseinbrüchen auf den Eiermärkten der Bundesrepublik Deutschland kam. Im Bereich der Putenmast ist es Ende 1971 zu einer ersten tiefgreifenden Absatzkrise gekommen. Im Bereich der Junggeflügelmast und Suppenhennenschlachtung muß ebenfalls eine Überproduktion erwartet werden, so daß langfristig nicht mit einer Verbesserung der Preissituation für den Erzeuger gerechnet werden kann. In einer erweiterten Gemeinschaft muß eine Verschärfung der Marktbedingungen einkalkuliert werden.
Der Anstieg des Verbrauches (Tab. 1), der beim Gemüse und Obst seit 1960 zu verzeichnen war, ist weniger den inländischen Produzenten zugute gekommen, als man vielleicht erwartet. Die Einfuhren aus Frankreich und Italien haben die Obst- und Gemüsebauer in der Bundesrepublik Deutschland teilweise vor eine schwierige Situation gestellt und in einigen Sparten die Grenze der Rentabilität bereits unterschritten.

Produkt	1959/60	1969/70	1973/74	Veränderung in % 1959/60 zu 1973/74
Gemüse	43,6	65,4	69,7	+ 60
Frischobst	62,1	93,8	93,2	+ 50
Rindfleisch	16,8	21,2	20,9	+ 24
Schweinefleisch	29,4	37,0	41,7	+ 42
Kalbfleisch	1,8	2,0	1,6	— 11
Geflügelfleisch	3,9	7,8	8,7	+ 126
Trinkmilch	108,1	93,7	37,0	— 20
Butter	7,8	8,6	7,1	— 9
Eier (Stück)	228,0	271,0	281,0	+ 23

Tab. 1 Entwicklung des durchschnittlichen Pro-Kopf-Verbrauches bei ausgewählten Lebensmitteln zwischen 1959 und 1972 in der Bundesrepublik Deutschland (nach: AGRIMENTE 75, S. 8)

Als Fazit läßt sich festhalten, daß sich die Landwirte hinsichtlich ihrer Produktion auf die Nachfrage ausrichten müssen. Nur qualitativ hochwertige Erzeugnisse, die gleichzeitig ernährungsphysiologisch den Ansprüchen gerecht werden, können in Zukunft auf dem Markt konkurrenzfähig sein. Die Erzeugung solcher Produkte muß vorrangig in Angriff genommen werden, selbst dann, wenn nicht alle Rationalisierungsmaßnahmen voll ausgeschöpft werden können. Hochwertige Produkte können sie aber wahrscheinlich nur dann auf den Markt bringen, wenn sie sich auf die Erzeugung eines bestimmten Gutes spezialisieren.

Aufgaben:

1. Stellen Sie in Form von Tabellen und Diagrammen die Wandlungen in der Betriebsgrößenstruktur, Betriebszahl, dem Viehbesatz und der Produktionsleistung der Agrarbetriebe der Bundesrepublik Deutschland dar.
2. Vergleichen Sie die Produktionsleistungen der Landwirtschaft der Bundesrepublik Deutschland mit der Frankreichs und der Niederlande auf dem Sektor der tierischen Produktion und der Getreideerzeugung.
3. Vergleichen Sie die Obst- und Gemüseproduktion der Bundesrepublik Deutschland mit der Italiens und der Niederlande.

II. Fallstudien spezialisierter Agrarbetriebe

Das methodische Vorgehen ist zu Beginn des Heftes begründet worden, so daß hier nur noch wenige Hinweise notwendig sind. Die Fallstudie wird in verschiedensten Forschungsbereichen verwendet. Es handelt sich dabei um keine besondere Technik, sondern um eine Betrachtungsweise, vorliegendes Forschungsmaterial dergestalt zu ordnen, daß der einheitliche Charakter des bzw. der untersuchten Objekte erhalten bleibt. Schwierigkeiten liegen in der unteren Abgrenzung der „Fälle" begründet. Hier wurde der Einzelbetrieb gewählt, weil auf dieser Ebene die Entscheidungen über die Ausrichtung der Produktion fallen. „Der Betrieb ist die kleinste aktive Wirtschaftseinheit" (OTREMBA 1960, S. 220). Die Auswahl typischer Beispiele wurde im Zusammenhang mit den Landbauaußenstellen des hier betrachteten Raumes vorgenommen, so daß die Repräsentativität gewährleistet ist.

1. Der Raum

Das Oldenburger Münsterland[1] ist von seiner natürlichen Ausstattung her ein wenig bevorzugter Raum. Geringwertige Sandböden auf der einen Seite und schwierige hydrographische Verhältnisse auf der anderen Seite in Verbindung mit klimatischen Verhältnissen, denen es zwar an Extremen mangelt, die aber kaum anspruchsvolle Kulturen zulassen, führten dazu, daß der hier wirtschaftende Landwirt kaum Möglichkeiten hatte, seine Produktion zu intensivieren. Außerdem kam lange Zeit die abseitige Lage zu den Konsumgebieten als erschwerender Faktor hinzu.

Ein Ausweg, dem dauernden Bevölkerungsdruck zu begegnen, war die Hollandgängerei. Als diese nicht mehr erfolgversprechend war, wanderten viele in die überseeischen Neusiedelräume aus. Erst durch Herstellung der Bahnverbindungen zum Ruhrgebiet und den Unterweserhäfen konnten die wirtschaftlichen Beziehungen geknüpft werden, die heute noch bestimmend sind.

Schon vor der Jahrhundertwende hatten Heuerlinge angefangen, zur Verbesserung ihrer finanziellen Situation Schweine zu mästen. Nachdem dies von Erfolg gekrönt war, wurde dieser Zweig auch von den mittelgroßen und großen landwirtschaftlichen Betrieben aufgegriffen. Schon vor dem 1. Weltkrieg gab es Mastschweine-

---

[1] Zur Lage der Betriebsbeispiele vgl. TK 50 L 3114, L 3314, L 3514

bestände mit mehr als 1000 Tieren. Der Absatz erfolgte hauptsächlich in das Ruhrgebiet, die Futterversorgung aus den Unterweserhäfen. Wenngleich es durch die Kriege zu Rückschlägen kam, konnte doch die Kontinuität in der Produktion und damit ein Halten der Marktstellung erreicht werden. In den dreißiger Jahren kam auch die Geflügelhaltung hinzu, doch überstand kaum ein Betrieb die Weltwirtschaftskrise. So blieb lange Zeit der Sektor der Schweinemast beherrschend. Nach dem Kriege kamen dann Kälbermast, Hähnchenmast und in den sechziger Jahren in sehr großem Umfange die Legehennenhaltung hinzu. Hier setzte ein boom ein, der innerhalb kürzester Zeit zu einer Ausweitung der Betriebe in bislang nicht gekannte Größenordnungen führte. Aus der bäuerlichen Veredlungswirtschaft gingen gewerbliche Massentierhaltungsbetriebe und letztlich sogar agrarindustrielle Formen hervor, die mit der bisherigen landwirtschaftlichen Erzeugung vielfach nur noch das Produkt gemeinsam haben. Komplizierte besitzrechtliche Geflügelstrukturen und eine Tendenz zur Vollintegration kennzeichnen diesen jüngsten Zweig der Veredlungswirtschaft. Er bestimmt heute schon in starkem Maße die Marktsituation.

Die kontinuierliche Entwicklung seit dem Ende des vorigen Jahrhunderts und das Hinzukommen neuer Betriebe hat dazu geführt, daß es zu einer ungewöhnlich hohen Zahl solcher Unternehmen gekommen ist. In diesen Betrieben werden sehr große Tierzahlen gehalten und entsprechend hohe Produktionsleistungen erreicht, die diesem Raum eine bedeutende Marktstellung geben (Tab. 2).

Tierart	Anzahl	Durchschnittsleistung	Gesamtleistung	in % der BR Deutschl.
Mastschweine	256 178	105 kg (2 Perioden)	53 797 t	1,5
Legehennen	6 117 800	250 Eier	1,53 Mrd.	8,7
Masthähnchen	1 312 100	1,4 kg (5,2 Perioden)	9 552 t	5,8
Mastkälber	24 438	1,6 dz (4 Perioden)	15 640 t	12,1

Tab. 2 Produktionsleistung der Massentierhaltungsbetriebe im Kreis Vechta und ihr Anteil an der Gesamtproduktion der Bundesrepublik Deutschland bei den wichtigsten Tierarten (1972) (nach: WINDHORST 1975 a, S. 135)

2. Betriebsbeispiele

a) Spezialisierter Getreidebaubetrieb

Hof O. in Halter (Gemeinde Visbek)

Schon seit mehreren Jahrhunderten befindet sich dieser Hof im Besitz der Familie O. Fragt man nach den Ursachen, die hier zur Spezialisierung auf den Getreidebau geführt haben, dann sind die mehrfacher Art. Einmal sind sie in den geringen zur Verfügung stehenden Arbeitskräften zu sehen, welches dazu führte, daß nur der Besitzer dauernd auf dem Hof einsetzbar ist. Daneben hat die Preisentwicklung für agrarische Erzeugnisse die Wahl der produzierten Güter wesentlich mitbestimmt. Aus der Kombination dieser beiden steuernden Elemente hat sich die gegenwärtige Bodennutzung entwickelt. Man könnte das Betriebssystem als spezialisierten Getreidebau mit temporärer Mastschweinhaltung bezeichnen. Diese Form ist jedoch das Resultat einer längeren Entwicklung, deren Anfänge schon 1951 anzusetzen sind.

Bis zu diesem Jahre wurden die auf dem Hof anfallenden Zugarbeiten mit zwei Gespannen Arbeitspferde durchgeführt. Obwohl die damals mit Getreide bestellte Ackerfläche wesentlich kleiner war als heute, mußten bei der Einbringung der Ernte acht Arbeitskräfte eingesetzt werden. Zwei landwirtschaftliche Gehilfen waren dauernd auf dem Hof beschäftigt. Bei den geringen Möglichkeiten, die damals bestanden, in anderen Wirtschaftszweigen einen ausreichenden Erwerb zu finden, bereitete die Beschaffung von Aushilfskräften keine Schwierigkeit.

Mit der Anschaffung eines Schleppers (1951) und eines luftbereiften Gummiwagens (1953) war es möglich, die anfallenden Pflugarbeiten und Transporte zu den entlegenen Feldern schneller durchzuführen. Das Getreide wurde teilweise schon im Lohndruschverfahren geerntet.

Bei der in den folgenden Jahren immer schwieriger werdenden Situation hinsichtlich der Beschaffung landwirtschaftlicher Gehilfen sah sich der Bauer gezwungen, zunächst die sehr arbeitsintensive Milchviehwirtschaft einzuschränken. Bis 1957 blieben von den ehemals gehaltenen 22 Rindern und 8 Milchkühen nur noch vier übrig. Damit war es möglich, den Grünlandanteil zu senken. Die Folge des Arbeitskräftemangels war der Verkauf zweier Zugpferde im Jahre 1956 und die Anschaffung eines neuen Schleppers.

Die bisher verwendeten Wagen und Maschinen mußten auf den Schlepperbetrieb umgerüstet werden, was erhebliche finanzielle Belastungen bedeutete, gleichzeitig aber die intensivere Bewirtschaftung der weiter entfernt liegenden Felder ermöglichte. Im folgenden Jahr wurde auch das letzte noch vorhandene Zugpferd verkauft. Die endgültige Aufgabe der Rindviehhaltung im Wirtschaftsjahr 1962/63 hatte eine weitere Verringerung des Grünlandanteils zur Folge. Ein nicht als Acker nutzbares Stück wurde verpachtet. Schon 1959 war die Geflügelhaltung aufgegeben worden.

Seit etwa 1964 hat der Betrieb in seiner Organisation und seinen Produktionszielen die gegenwärtige Form, die nicht unwesentlich von den Verhältnissen um 1950 verschieden ist. Damals wäre es undenkbar gewesen, daß ein Hof dieser Größenordnung (58,2 ha) die benötigten Kartoffeln, Eier, Milch und einen großen Teil der Fleisch- und Wurstwaren ebenso beim Einzelhändler kauft wie ein Handwerker oder Industriearbeiter. Durch die weitgehende Beschränkung auf den Getreidebau ist es dem Bauern jetzt ebenfalls möglich, während der Wachstumszeit in Urlaub zu fahren. Von den 51,5 ha Wirtschaftsfläche, die dem Betrieb nach der Verpachtung noch zur Verfügung stehen, entfallen 41,5 ha auf die landwirtschaftliche Nutzfläche, 9 ha sind Wald, 0,6 ha Hofgrund und etwa 0,4 ha Dauergründland (Erlenbruch), die aber aufgeforstet werden sollen.

Die Ackerfläche wurde 1971 mit folgenden Getreidearten bestellt: ca. 13 ha Sommerweizen, 10 ha Winterweizen, 10 ha Mais, 6,5 ha Sommergerste und 1,5 ha Hafer. In welchem Umfange es im Anbau zu einem Wechsel gekommen ist, wird ersichtlich, wenn man diese Verteilung mit der von 1955 vergleicht (Abb. 1).

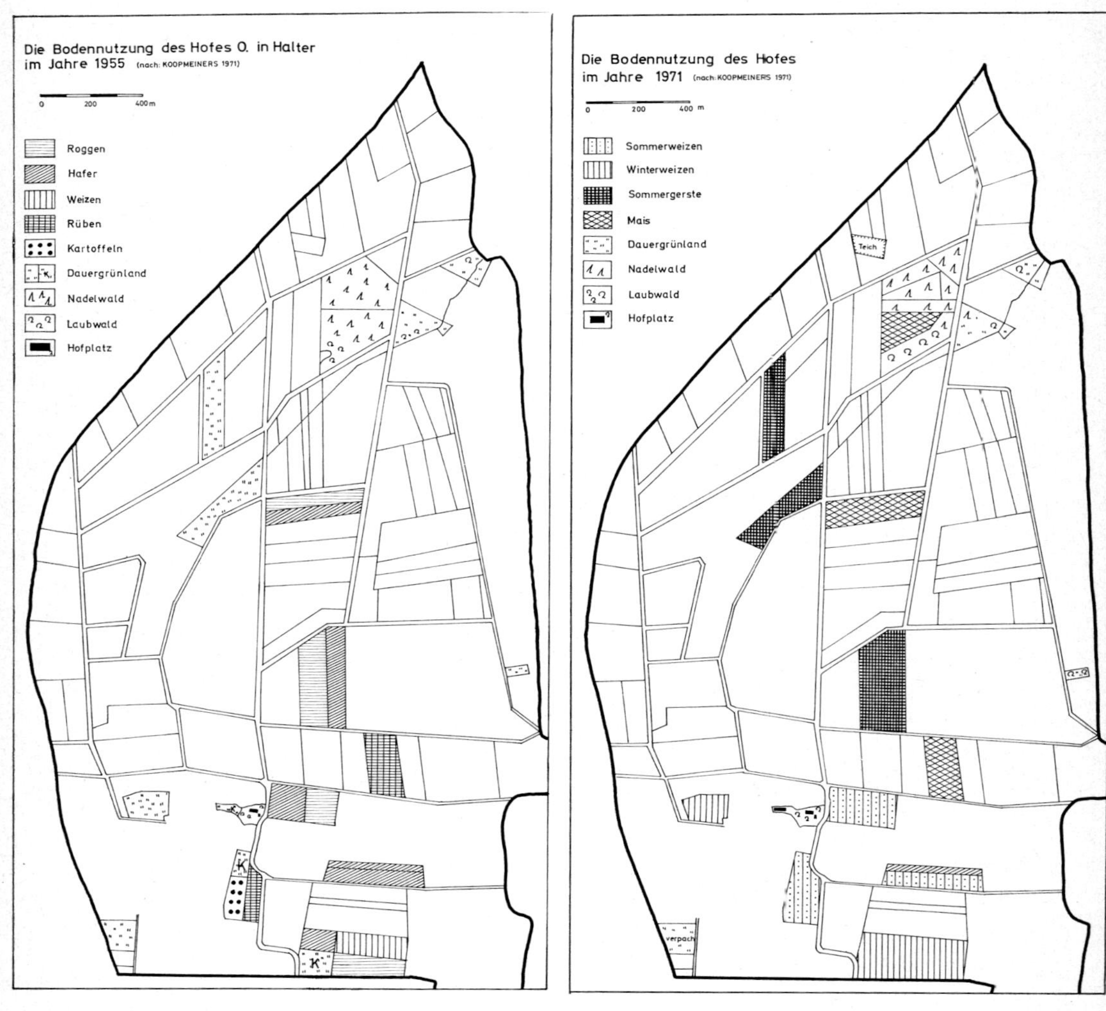

Abb. 1 Die Bodennutzung des Hofes O. in Halter in den Jahren 1955 und 1971 (nach: KOOPMEINERS 1971)

Auffallend ist, daß der für die Geest typische Roggen völlig fehlt. Dies hat seine Ursache in den guten Sandlößböden. Da keine Tiere gehalten werden, mit Ausnahme der Mastschweine, erübrigt sich der Anbau von Hackfrüchten. Sonderkulturen sind wegen des geringen Arbeitskräftebesatzes nicht möglich.

Von immer größerer Bedeutung wurde der Maisanbau für den Betrieb. Im Jahre 1968 wurde zunächst eine 4,4 ha große Fläche mit Körnermais bestellt, 1969 waren es 7 ha, im folgenden Jahre 12,5 ha und 1971 etwa 10 ha. Da der Mais selbstverträglich ist, kann er über längere Zeiträume bei entsprechender Düngung auf dafür geeigneten Flächen angebaut werden. Der hohe Kunstdüngerbedarf wird durch die Verwendung von Gülle vermindert. Die Gülle erhält der Besitzer kostenlos von einem benachbarten Veredlungsbetrieb. Der Körnermais erfordert bislang noch

hohe Trocknungskosten (etwa 225 DM/ha), die sich aber durch die hohen Erträge ausgleichen.
Der Maisanbau bot sich neben den anderen Vorzügen auch deshalb an, weil er die Arbeitsspitzen entschärft, was bei der geringen Zahl der Arbeitskräfte besonders wichtig ist. Das anfallende Maisstroh wird gehäckselt und untergepflügt, das Korn als Mischfutter für die temporär durchgeführte Schweinemast verwendet oder verkauft. Die Ernte erfolgt im Lohndruschverfahren, weil sich die Anschaffung eines speziellen Maisgebisses für den Mähdrescher nicht rentiert.
Das übrige Getreide wird entweder gegen Mastfutter eingetauscht oder an Landhandelsunternehmen verkauft, das Stroh mit einer Hochdruckpresse gepreßt und eingelagert. Im Winter werden die Ballen bei günstigen Preisen abgesetzt. Eigenbedarf besteht kaum, da die zeitweise gehaltenen Mastschweine in einem Stall mit Schwimmentmistung eingestallt werden.
Die im Betrieb durchgeführte Schweinemast verleiht diesem an sich schon stark spezialisierten Betrieb eine besondere Form. Nur bei sehr günstiger Preisentwicklung werden vom Bauern noch etwa 300 Mastschweine aufgezogen. In zwei Ställen mit je 150 Plätzen wird die Mast abgewickelt. Die Ferkel werden mit einem Gewicht von durchschnittlich 20 kg eingekauft und etwa bis zu einem Alter von 7—8 Wochen auf Stroh gehalten. Dann erfolgt die Umstallung in die eigentlichen Mastbuchten, wo die Fütterung mit einem Trockenfutterautomaten und Selbsttränken vorgenommen wird. Haben die Tiere ein Gewicht von 110 kg erreicht, werden sie an heimische Schlachtereien abgesetzt. Diese temporäre Tierhaltung, die sich ganz an der bestehenden Preissituation ausrichtet, stellt eine Sonderform dar, die in reinen Schweinemastbetrieben nicht auftritt. Da die Haupteinkünfte aus dem Zweig des Getreidebaues entstammen, kann sich der Bauer eine Nichtbelegung der Ställe erlauben. Der Vorteil dieses Betriebssystems ist darin zu sehen, daß bei den hohen Ernteerträgen das benötigte Mastfutter eingetauscht werden kann und man im Betrieb nicht auf Futterzukauf angewiesen ist. Mais und Gerste können sogar nach durchgeführter Mahlung und Mischung direkt verwendet werden.
Dieser Hof ist hinsichtlich der möglichen Spezialisierung der Produktion sehr weit fortgeschritten. Die Rationalisierung und Mechanisierung war nötig wegen des geringen Arbeitskräfteangebotes und der Preisentwicklung bei vielen agrarischen Produkten; sie war möglich bei den herrschenden Bodenverhältnissen und der Person des Betriebsleiters, der den einmal eingeschlagenen Weg konsequent verfolgte und das Risiko einer Festlegung auf eine oder zeitweise zwei Produktionszweige in Kauf nahm.

b) Spezialisierter Getreidebaubetrieb mit Veredlungswirtschaft und Vertragsmast

Hof S. in Norddöllen (Gemeinde Visbek)

Der Hof ist seit 1913 im Besitz der Familie. Der Vater des gegenwärtigen Hofbesitzers stammte aus Kroge (Gemeinde Lohne) und hatte dort schon vor dem 1. Weltkrieg zusammen mit seinem Bruder eine Schweinemästerei mit 1500 Tieren betrieben. Der Krieg und sein Tod im Jahre 1917 verhinderten zunächst die auch in Norddöllen beabsichtigte Durchführung der Schweinemast. Erst im Jahre 1927 wurde ein 15 m langer Stall errichtet, in den anfangs 90 Mastschweine und 10 Sauen eingestallt wurden. Die Bestandsregeneration aus dem eigenen Sauenbestand war möglich. Daneben wurden noch etwa 8—10 Milchkühe sowie Hühner zur Eigenversorgung gehalten. Der Arbeitsanfall war sehr hoch, weil neben dem Getreide- und Hackfruchtbau noch die Heugewinnung zu bewältigen war. Bis etwa 1960 wurde in diesem Betriebssystem gewirtschaftet. Dann stellte sich die Frage nach der Zukunft des Hofes. Bei einer Betriebsfläche von 28,7 ha (davon 26 ha LN) würde sich in absehbarer Zeit die Rentabilitätsgrenze ergeben. Es bestand die Möglichkeit, entweder den Betrieb abzustocken und den Weg zu einem Zu- oder Nebenerwerbsbetrieb zu gehen, bzw. sich zu spezialisieren und zu investieren. Die letzte Möglichkeit war nicht nur vom Betriebsleiter, sondern auch vom beabsichtigten Nachfolger abhängig. Seine Bereitschaft, den Hof weiterzuführen und das Betriebssystem umzustellen, bewirkten in den folgenden Jahren tiefgreifende Veränderungen. Möglich waren sie nur, weil bei ihm eine grundlegende Fachausbildung gegeben war.

Im Jahre 1960 wurde durch den Ausbau der Scheune eine Erweiterung der Mastschweinplätze erreicht. Durch Errichtung eines Hühnerstalles konnte 1965 die Tierhaltung weiter intensiviert werden. Hier wurden 2000 Legehennen in Bodenhaltung eingestallt. Der wirtschaftliche Erfolg dieser Maßnahme war allerdings gering, weil die Tiere erkrankten und hohe Verluste auftraten. Außerdem mangelte es im Betrieb noch an Erfahrung mit Beständen dieser Größenordnung, so wurde 1969 die Hühnerhaltung aufgegeben. Heute werden nur noch etwa 30 Hühner für den eigenen Bedarf und den temporären Eierverkauf in einem Nebenzweig des Betriebssystems mitgeführt.

Der vorhandene Stall wurde 1969 für die Schweinehaltung umgebaut. Vor allem war die Errichtung eines Güllebeckens notwendig. Die Tiere wurden zunächst auf einem Spaltenboden mit Bodenfütterung gehalten. Diese Fütterungsart brachte jedoch nicht den erwarteten Erfolg, weil man keine optimale Nutzung des Futters erreichte. So entschloß man sich in der Folgezeit zu einem erneuten Umbau. Die Stallbuchten wurden durch Einbringen der Futtertröge etwas verkleinert, so daß anstelle der 300 nur noch 250 Stallplätze vorhanden waren. Die installierte Bodenfütterungseinrichtung wurde dergestalt verändert, daß mit ihr die Tröge beschickt werden können. Hierdurch kann nun Trockenfutter verwendet werden, welches durch Sprüheinrichtungen über den Trögen und Tränkenippel ergänzt wird. Diese Kombination setzt den Arbeitsanfall für den Fütterungsvorgang wesentlich herab.

Alle Buchten des Stalles sind gleich groß. Ein Umtreiben erfolgt nicht, um Gewichtsverluste gering zu halten. Beabsichtigt ist ein Ein- und Ausstallen von jeweils etwa 120 Tieren. Hierbei richtet man sich an der bestehenden Marktsituation aus. So kann der Bestand einige Tage oder Wochen länger gehalten werden, falls einmal die Preissituation sehr ungünstig ist. In gleicher Weise wird zeitweise die Neueinstallung ebenfalls hinausgezögert, wenn die Ferkelpreise sehr hoch liegen. Bedingt durch diese Maßnahmen werden nur 2 Durchläufe pro Jahr erreicht.

Eine Ergänzung des Mastschweinebestandes durch Sauenhaltung wäre vom seuchenhygienischen Standpunkt wünschenswert und würde auch die Abhängigkeit von den Ferkelpreisen mindern, ist aber beim gegenwärtigen Arbeitskräftebesatz nicht zu bewerkstelligen. Die benötigten Ferkel werden deshalb über einen Viehhändler angekauft. Dieser übernimmt auch die schlachtreifen Mastschweine und führt sie einer Versandschlachterei zu.

Auf Initiative des Betriebsnachfolgers erfolgte 1971 die erneute Erweiterung der Stallanlagen, die das Erscheinungsbild des Hofes wesentlich veränderte. Teile der alten Gebäude wurden abgerissen, ein neuer Stall durch einen Zwischenbau, in dem die Wirtschaftsräume untergebracht sind, mit dem Wohnhaus verbunden. Der Stall bietet Raum für 204 Mastkälber und 100 Mastschweine. Außerdem sind darin der Lagerplatz für das Mastfutter, die Futterküche und die Heißwasseraufbereitung für die Kälbermast untergebracht. Dieser Stall ist nach den neuesten Erkenntnissen der Tierhaltung konstruiert, sowohl was die Aufstallung, die Be- und Entlüftung und die Beseitigung der Abfallstoffe angeht. In langen Kanälen wird die anfallende Gülle unter den Ställen gespeichert. Hierdurch ist eine äußerst geringe Geruchsbelästigung erreichbar. Der Stall für die Mastkälberhaltung ist nach den Grundsätzen der Firma B. (Steinfeld) eingerichtet, in deren Auftrag die Lohnmast betrieben wird. Pro Kalb und Durchlauf erhält der Betrieb 50,— DM. Dafür muß er den Stall, Wasser, Strom und die eigene Arbeitskraft stellen. Alle anderen Arbeiten (Ein- und Ausstallung, Reinigung, Futteranlieferung) werden von der Firma B. durchgeführt. Im Jahre 1972 wurde der erste Besatz eingestallt. Die Masterfolge waren sehr gut, nicht zuletzt deshalb, weil der Mastverlauf und die notwendigen Haltungsgeräte an den Hauptbetrieb angeglichen sind. Die beiden Stalleinheiten mit je 102 Tieren werden im a l l i n - a l l o u t - V e r f a h r e n beschickt. Die Erlöse aus der Lohnmast stellen eine wesentliche Ergänzung des Betriebseinkommens dar, welches unabhängig vom Ausfallen der Ernte und der Preissituation auf dem Schweinemarkt ist und und fest eingeplant werden kann.

Die dritte Stalleinheit des Neubaues ist für weitere 100 Mastschweine vorgesehen. Das erste Drittel des Stalles wird durch eine Trennwand abgeteilt. Hier soll eine Vormastphase auf Stroh durchgeführt werden. Damit kann einmal die Streßwirkung abgefangen und zum anderen die Gefahr einer Seucheneinschleppung gemindert werden. Der Erstbesatz erfolgte im Herbst 1972.

Mit der Auslastung dieser Stalleinheit werden im Betrieb dann insgesamt 600 Mastschweine und 204 Mastkälber gehalten. Diese Ausweitung überschreitet die möglichen Vieheinheiten bei einer landwirtschaftlichen Nutzfläche von 26 ha beträchtlich, so daß etwa 6 ha zugepachtet werden müssen.

Eine Veränderung im Tierhaltungszweig in diesem Ausmaß konnte nicht ohne Einfluß auf die Ackernutzung bleiben. Weil der Arbeitsanfall durch die Betreuung der Tiere gleichmäßig über das ganze Jahr vorhanden war, mußten Wege gefunden werden, um die Arbeitsspitzen bei der Feldarbeit zu entzerren.

Durch Verkleinerung des Milchviehbestandes auf 2 Kühe (sie werden jedoch in absehbarer Zeit ebenfalls veräußert) konnte der Hackfruchtanbau vollständig aufgegeben werden. Das vorhandene Grünland wurde umgebrochen und mit Getreide bestellt. Die Aufgabe des Hackfruchtbaues entlastet die Feldarbeit entscheidend. Als Folge davon ergab sich jedoch in der Rotation eine Veränderung. An die Stelle der Hackfrüchte ist der Mais getreten. Der Maisanbau wurde durch den hohen Gülleanfall im Betrieb rentabel. Erst seit 1969 hat er sich in dem gegenwärtigen Umfange ausgedehnt. Nach der Umstellung auf den reinen Getreidebau ergibt sich folgende Rotation:

Hauptfrucht:	Mais	(Roggen) Weizen	Hafer	Wintergerste	Mais
Zwischenfrucht:		Lihoraps		Lihoraps	
Jahr:	1.	2.	3.	4.	5.

Die Fruchtfolge beim Mais ist abhängig vom Erntetermin. Um eine gleichmäßige Verwendung der Gülle zu ermöglichen, wird jeweils ein Viertel der Ackerfläche mit einer bestimmten Getreideart bestellt.

Im ländlichen Jahr ergibt sich etwa folgender Arbeitsverlauf.

	Monat	Jan.	Feb.	März	April	Mai	Juni	Juli	Aug.	Sept.	Okt.	Nov.	Dez.
Getreidebau	Mais					Pflanz.					Er	nte	
	Weizen Roggen				Weizen Einsaat				Ernte			Roggen Einsaat	
	Winter-gerste							Ernt	e Lihoraps Einsaat	E	insaat		
	Hafer				Einsaat				Ernte				
	Pflege-arbeiten	düngung			Gülled. Pflügen	Düngung Unkrautbekä	und mpfung		Schälen	Düngung Pflügen			Gülle –
Tierhaltung	Schweine				Fütterung,	Pflege,	Stallreinigung						
	Kälber				Fütterung,	Pflege,	Stallreinigung						
	Hühner				Fütterung,	Eiersammeln							
	Milchkühe				Fütterung,	Melken,	Stallreinigung						
	Arbeits-belastung (12, 8, 4, 0 Std.)												

Abb. 2 Das ländliche Jahr im Betriebssystem des Hofes S. in Norddöllen und Arbeitsbelastung/AK
(nach Angaben des Betriebsleiters)

Insgesamt gesehen scheint das derzeitige Betriebssystem die ideale Form für den Hof darzustellen. Getreideanbau und Tierhaltung ergänzen sich durch die Möglichkeit der Gülleverwertung. Durch Einbeziehung des Maises als Hackfruchtersatz in die Fruchtfolge konnten die anfallenden Arbeitsspitzen der Feldarbeit entschärft werden. Seine hohen Erträge stellen eine gute Voraussetzung für den Eintausch gegen Kraftfutter dar.

Dieses Betriebsbeispiel verdeutlicht sehr anschaulich die wirtschaftlichen Entscheidungen des Besitzers und des Betriebsnachfolgers. Außerdem wird erkennbar, welche Gesichtspunkte letztlich zum gegenwärtigen Betriebssystem geführt haben, das in seiner Kombination von zwei spezialisierten Produktionszweigen selbst wiederum ein spezialisiertes System darstellt. Anpassung an die natürliche Ausstattung, den Arbeitskräftebesatz, die Situation auf dem Agrarmarkt und nicht zuletzt die Möglichkeiten des Betriebsnachfolgers sind hier in ausgezeichneter Weise gelungen. Die Flexibilität des Landwirtes, der sich veränderten Situationen anpassen muß, wenn er rentabel wirtschaften will, zeigt sich in einprägsamer Weise.

In welchem Gefüge ein Betrieb dieser Art gesehen werden muß, läßt sich aus Schema 1 entnehmen.

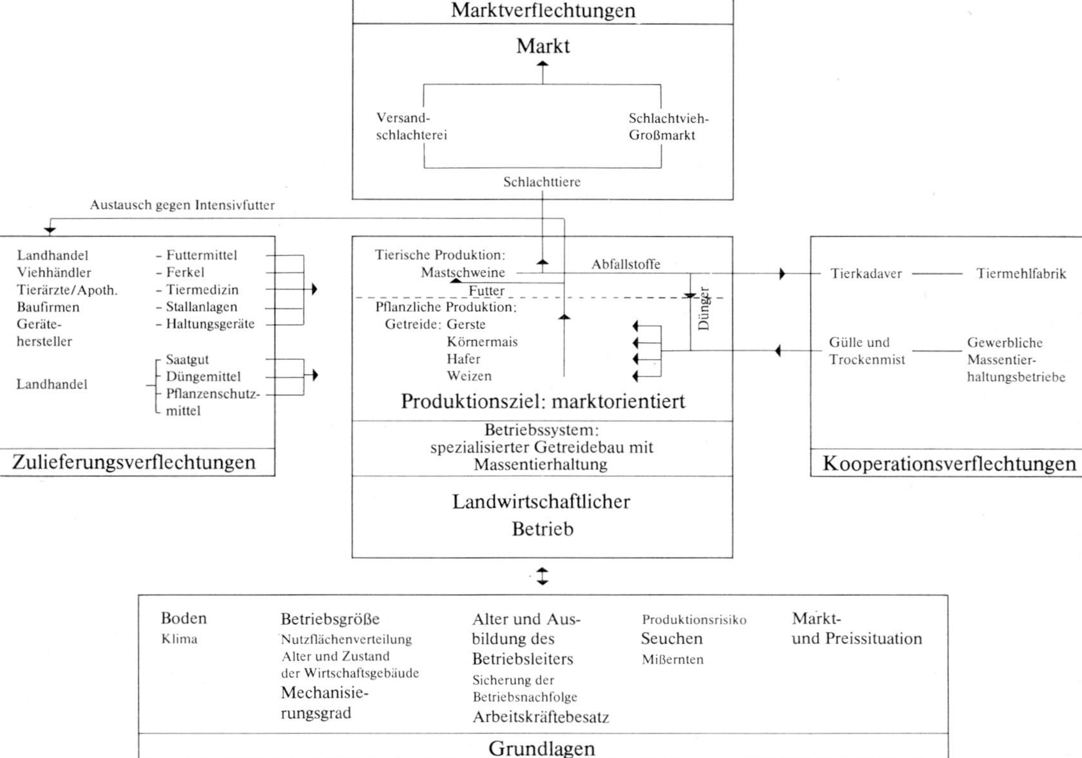

Schema 1 Die inner- und außerbetrieblichen Verflechtungen eines spezialisierten landwirtschaftlichen Betriebes (Betriebssystem: spezialisierter Getreidebau und Mastschweinhaltung)

c) Spezialisierter Sonderkulturbetrieb

Obst- und Gemüsebaubetrieb C. in Langförden

Der Hof war ursprünglich im Zentrum des Dorfes Langförden in unmittelbarer Nähe der Kirche gelegen. Er bildete eine der fünf Vollerbenstellen des Ortes. Neue Wege in der Ausrichtung der Produktion waren wegen der beengten Lage kaum möglich. Als die Kirchengemeinde eine Erweiterung des Friedhofes plante, mußte eine Aussiedlung erfolgen.

Mit der Aussiedlung begann gleichzeitig eine Umstellung in der Ausrichtung der Produktion. Der Schwiegervater des jetzigen Betriebsleiters hatte sich vor allem auf die Herdbuchzucht spezialisiert. Seine Herde war von hervorragender Qualität. Über den Herdbuchverband wurde ein großer Teil der Tiere nach Südamerika (zumeist Brasilien) exportiert. Dieser Betriebszweig wurde mit der Aussiedlung völlig eingestellt, weil der jetzige Besitzer keinerlei Ambitionen zur Viehzucht hatte. Er wandte sich verstärkt dem Obstbau zu, der allerdings schon seit etwa 1950 im Betrieb durchgeführt worden war.

Die Hochstammanlage wurde weitgehend extensiv genutzt, unter den im Abstand von 10×10 m gepflanzten Bäumen wurde noch Getreide angebaut. Dennoch brachte die Kultur bei den damaligen Obstpreisen hohe Gewinne, so daß sich C. entschloß, den Obstbau verstärkt in Angriff zu nehmen. Zunächst wandelte er die Pflanzung in eine Gemischtanlage um. Bevorzugte Sorten waren Boskop, Cox Orange und Holsteiner Cox. Die Gewinne der in dieser Weise umgestalteten Anlage waren so hoch, daß eine neue Anpflanzung geplant wurde.

In den Jahren 1958 und 1959 wurden die Flächen eingerichtet, die sich heute in unmittelbarer Nähe des Betriebes befinden. Die Aussiedlung in diese etwa 10 ha große Kultur erfolgte dann im Jahre 1962.

In den Jahren 1965/66 begann aufgrund der Überproduktion der zunehmende Preisverfall auf dem Apfelmarkt im EWG-Raum. Die Ursachen hierfür sind vielfältiger Art. Sicherlich sind sie zu einem gewissen Teil auch in der falschen Beratung der zuständigen Behörden der Landwirtschaftskammer zu sehen. Die alleinige Spezialisierung auf den Obstbau wurde bei Preiseinbrüchen dieses Ausmaßes zu einem Risiko, das viele Betriebe nicht verkraften konnten. Die Gewinne gingen immer weiter zurück, vor allem bei der hier weitverbreiteten Sorte Cox Orange. Durch Übergang zum Golden Delicious und James Grieve versuchten die Obstbauern die sich abzeichnende Entwicklung aufzufangen. Allerdings wurden die Produktionskosten bei einigen neuen Sorten durch das zeitraubende Pflücken so hoch, daß sich eher die Produktion von Most- als von Tafeläpfeln zu rentieren schien. Trotz der Preiseinbrüche liegt im hier betrachteten Betrieb die Rentabilität einer Obstplantage immer noch höher als beim Getreidebau auf gleicher Fläche.

Die sich immer deutlicher abzeichnende Tendenz veranlaßte den Betriebsleiter dazu, sich dem Gemüsebau als zweitem Produktionszweig zuzuwenden. Die enge Verbindung zum Erzeugergroßmarkt in Langförden bot sehr günstige Voraussetzungen hinsichtlich der Vermarktung. Es stellte sich die Frage, ob die Produktion von Frisch- oder Industriegemüse aufgenommen werden sollte. Die Entscheidung fiel zugunsten des Industriegemüses, weil hier das Risiko durch langfristig abgeschlossene Kontrakte nicht so groß ist. Beim Frischgemüse kann es beim Blumenkohl und beim Salat in der Haupterntezeit sehr leicht zu Preiseinbrüchen kommen. Nur Familienbetriebe, die relativ kleine Flächen bewirtschaften und nicht auf fremde Arbeitskräfte angewiesen sind, können unter solchen Bedingungen noch mit Gewinn produzieren. Da diese Voraussetzungen nicht gegeben waren, entschied man sich für den Vertragsanbau.

Auf den Restflächen des Hofes, die vorher entweder mit Getreide bestellt wurden oder verpachtet waren, wurde der Gemüsebau begonnen. Eine weitere Intensivierung des Getreidebaues bot sich nicht an, da hier zu hohe Investitionskosten für Maschinen notwendig gewesen wären. Eine ganze Reihe der bereits vorhandenen Geräte (Schlepper, Fräse, Spritzgerät) konnten aus dem Obstbau übernommen werden, so daß es hier zu einer sehr günstigen Ergänzung kam. Zunächst baute man etwa 5—6 ha Buschbohnen an, die an eine Konservenfabrik in der Nähe von Emden abgesetzt wurden.

Schon bald wurde eine Ausdehnung des Gemüseanbaues geplant. Zusammen mit einem anderen Mitglied des Erzeugergroßmarktes wurde eine neue Firma gegründet, die als alleiniges Ziel die Gemüseerzeugung hat. Beide Betriebe brachten ihre Restflächen ein und produzierten fortan gemeinsam. Aussaat, Pflanzung und Ernte sowie Vermarktung ließen sich bei den größeren Kulturen sehr viel leichter durchführen. Daneben wurden noch Flächen zugepachtet, auf denen nach der Ernte der Wintergerste Grünkohl als Nachfrucht gepflanzt wurde. Jeweils am Ende eines Produktionsjahres wird eine Abschlußrechnung vorgenommen, bei der die von beiden Parteien aufgewendeten Mittel in Ansatz gebracht werden. Der verbleibende Gewinn wird geteilt.

Die Gemüseflächen setzen sich im Jahre 1972 in folgender Weise zusammen:

10 ha Rosenkohl, 10 ha Grünkohl (dazu 5—10 ha als Nachfrucht auf zugepachteten Flächen) und 2 ha Dicke Bohnen.

Die Größe der zugepachteten Flächen schwankt von Jahr zu Jahr, da die Entscheidung jeweils erst nach der Ernte der Wintergerste fällt. Erfolgt diese aufgrund der Witterungsverhältnisse sehr spät, werden nur kleine Flächen bepflanzt, da sonst die Gefahr des Erfrierens ein zu großes Risiko bedeutet.

Rosenkohl bauten die beiden Gemüsebauern in der Vegetationsperiode 1972 zum ersten Mal an. Damit wurde Neuland betreten, weil noch nicht bekannt war, welche Sorten auf den hier vorliegenden Böden und bei den herrschenden Klimaverhältnissen die besten Erträge bringen würden. Deshalb wurden 7 Hybridsorten in die Versuchsbeete eingesät und später verpflanzt. Allein für das Saatgut der verwendeten Rosenkohlsorten mußten 10 000 DM investiert werden. Die erwartete Erntemenge von etwa 1000 dz konnte in manueller Arbeit nicht mehr eingebracht werden, da die aufzubringenden Lohnkosten den Gewinn zu sehr verringert hätten. Zusammen mit einem dritten Gemüsebauer, der 1972 ebenfalls Rosenkohl anbaute, wurde deshalb ein Vollernter holländischen Fabrikates angeschafft. Dafür waren 30 000 DM aufzuwenden. Es wird aus diesen Zahlen ersichtlich, mit welchen Investitionskosten ein derart intensiver Anbau zu rechnen hat und welche Verluste bei einem Fehlschlag des Versuches eingeplant werden müssen.

Die Obstflächen des Betriebes nahmen 1972 insgesamt 14 ha ein. Sie setzten sich in folgender Weise zusammen:

2,0 ha Birnen
8,0 ha Äpfel (davon 80% Golden Delicious)
1,0 ha Sauerkirschen
0,5 ha Süßkirschen
0,50 ha Zwetschen und Mirabellen
0,75 ha Himbeeren
1,00 ha Erdbeeren
0,25 ha Brombeeren (Versuchsfeld)

Im Jahre 1972 wurden etwa 5 ha der ehemals vorhandenen Apfelkulturen gerodet. Da diese Flächen aufgrund der EWG-Verordnung innerhalb der nachfolgenden fünf Jahre nicht wieder mit Äpfeln bepflanzt werden dürfen, stellt sich das Problem der weiteren Nutzung. Hier ist nun die besondere Situation des Betriebes interessant. Der Betriebsnachfolger ist nicht sehr am Obst- und Gemüsebau interessiert, er beschäftigt sich während seiner Berufsausbildung vorwiegend mit dem Gartenbau. Nach erfolgtem Abschluß wird er sich wahrscheinlich mehr diesem Produktionszweig zuwenden. Um schon jetzt in diese Richtung zu planen, ist vorgesehen, die gerodeten Flächen mit Ziersträuchern, Gartengewächsen u. dgl. zu bepflanzen. Neben den Interessen des Betriebsnachfolgers ist hierbei auch die ausgesprochen günstige

Preissituation für Ziergehölze sowie die Lage des Betriebes an der B 69 von Bedeutung. Es ist zu erwarten, daß sich bei entsprechender Ausdehnung des Produktionszweiges eine hohe Rentabilität einstellt. Durch diese ersten Versuche wird die allmähliche Abkehr vom Obstbau eingeleitet.

Bei der Vielfalt der erzeugten Produkte ergibt sich hinsichtlich der Arbeitsabläufe ein sehr interessantes Bild (Abb. 3). Der Betrieb verfügt neben der Arbeitskraft des Betriebsleiters dauernd über einen Landarbeiter, weiterhin werden bei den Pflanz- und Erntearbeiten auch die Kinder eingesetzt. Bei der Größe der bestellten Flächen ist jedoch der Einsatz fremder Arbeitskräfte unbedingt notwendig. Deren Zahl schwankt je nach anfallenden Arbeiten zwischen 5 und etwa 120 Arbeitskräften (vorwiegend Frauen und Schüler).

	Monat	Jan.	Feb.	März	April	Mai	Juni	Juli	Aug.	Sep.	Okt.	Nov.	Dez.
Gemüsebau	Dicke Bohnen				Pflanzen			Ernte					
	Grünkohl						1. Pflanzen	2. Pflanzen				Ernte	
	Rosenkohl				Pflanzen							Ernte	
	Pflege			Saat		Unkraut- u. Schädlingsbekämpfung, Düngung							
	Vermarktung												
Obstbau	Äpfel									J. G.	C.O. Ernte	B. u. G.D.	
	Birnen										Ernte		
	Kirschen						Süßk. Ernte	Sauerk.					
	Mirabellen Zwetschen								Mirab. Ernte		Zwetschen Ernte		
	Erdbeeren						Ernte						
	Pflege		Obstbaumschnitt		Unkraut- u. Schädlingsbekämpfung, Düngung, Mulchen								
	Vermarktung												
Gesamte Arbeitsbelastung (500, 200, 100, 50, 0 Std)													

Abb. 3 Das ländliche Jahr im Betriebssystem des Hofes C. in Langförden.

Wie man sieht, sind neben den wirtschaftlichen Entscheidungen im Hinblick auf die Produktionsausrichtung ebenfalls eine große Zahl von Koordinierungsarbeiten hinsichtlich des Arbeitsablaufes und der Absatzregelung sowie der sinnvollen Einteilung der Arbeitskräfte nötig. Nur ein hoher Ausbildungsstand des Betriebsleiters ermöglicht diese Kombination von zwei arbeits- und kapitalintensiven Produktionszweigen. Einen Überblick über die außer- und innerbetrieblichen Verflechtungen gibt Schema 2.

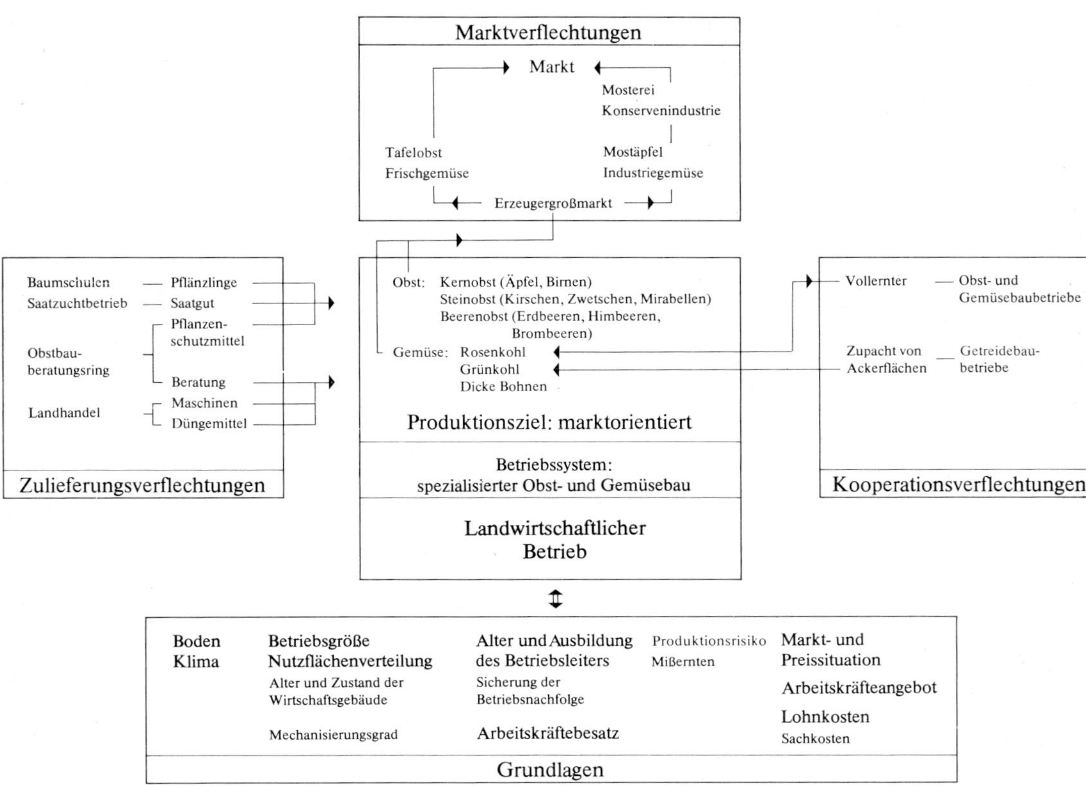

Schema 2 Die inner- und außerbetrieblichen Verflechtungen eines spezialisierten Obst- und Gemüsebaubetriebes

Es gilt festzuhalten, daß ein Betrieb dieser Größenordnung in seinen Wirtschaftsabläufen nur im Rahmen der Markt- und Preissituation des EG-Raumes gesehen werden kann. Die Diskrepanz zwischen steigenden Lohn- und Sachkosten und den erzielten Markterlösen zwang zu Entscheidungen, die das Produktionsziel veränderten und in Zukunft sicherlich noch weiter verändern werden. Die Dynamik des Wirtschaftsgeschehens zwingt den Betriebsleiter zur Flexibilität, wenn die Produktion weiterhin gewinnbringend sein soll. Diese Anpassung wird an dem hier vorgestellten Beispiel sehr deutlich; gleichzeitig spiegelt sich in den wirtschaftlichen Entscheidungen und deren Verwirklichung die Situation auf dem Obst- und Gemüsemarkt der Bundesrepublik Deutschland wider.

d) Spezialisierter Milchwirtschaftsbetrieb in Delavan (Wisconsin)

Die Farm befindet sich im Besitz zweier Brüder. Neben 360 ha, die von ihnen eingebracht wurden, sind weitere 160 ha zugepachtet, so daß etwa 520 ha bewirtschaftet werden. Alles Nutzland ist zum Getreidebau geeignet. Es werden 200 Milchkühe (Holsteiner) sowie etwa 200 Kälber und Rinder zur Bestandserneuerung gehalten. Die weiblichen Tiere werden grundsätzlich mit Angus-Bullen gekreuzt, was sich hinsichtlich des Gesundheitszustandes und der Futterverwertung des Mastviehs als sehr günstig erwiesen hat.

Das Betriebssystem ist eindeutig auf bodenabhängige Veredlung ausgerichtet. Das auf den Ackerflächen erzeugte Futter wird nahezu ausschließlich dem Vieh zugeführt. Das Produktionsziel ist Grade A Milch (Trinkmilch). Daneben werden in jüngster Zeit die Kälber im Betrieb gemästet und direkt in Milwaukee abgesetzt. Die Milch wird über eine Farmergenossenschaft vermarktet.

Seit einigen Jahren werden die Kühe frei in einem umgewandelten Anbindestall gehalten. Die Fütterung erfolgt während des ganzen Jahres im Freien durch eine vollautomatische Einrichtung, die die einzelnen Bestandteile aus den Silos selbständig mischt und in die Futtertröge transportiert. Während des Melkens, welches in einem 16 Tiere fassenden Fischgrätmelkstand erfolgt, wird zusätzlich Kraftfutter verabreicht. Verfüttert werden Heu, Alfalfa und Maissilage sowie Getreide. Das Melken wird von 2 Personen bewältigt. Pro Stunde können etwa 90 Kühe gemolken werden. Täglich fallen durchschnittlich 3750 l Milch an, die jeweils am frühen Morgen mit einem Tankwagen abgeholt werden. Der Betrieb selbst verfügt über eine Kühleinrichtung, in der 5600 l gespeichert werden können.

Das auf den Feldern gewonnene Getreide wird in sechs großen Silos gespeichert, die insgesamt etwa 1600 t Heu, 2000 t Maissilage und 650 t Getreide fassen. Angebaut werden in fester Rotationsfolge 300 ha Mais, 160 ha Alfalfa und 60 ha Gerste. Die Fruchtfolge ist: Gerste, 3 Jahre Alfalfa, 2 Jahre Mais. Neben dem im Betrieb anfallenden natürlichen Dünger wird Kunstdünger verwendet. In gleicher Weise wie der Milchviehzweig sind auch der Getreide- und Futterbau weitestgehend mechanisiert. Der Betrieb verfügt über 7 männliche Arbeitskräfte, ist also bei dem vorliegenden Mechanisierungsgrad ausreichend besetzt. Eine Veränderung im Betriebssystem ist nicht beabsichtigt, doch könnte bei weiterhin günstiger Preisentwicklung die Rindermast ausgeweitet werden.

Die Leitung eines derartigen Betriebes, dessen Gesamtwert bei über 2 Mill. $ liegen dürfte, verlangt einige Fertigkeiten von den Betriebsleitern. Highschoolabschluß und Besuch von Fortbildungskursen an der Universität in Madison durch einen der Besitzer und seinen Sohn schaffen die Voraussetzungen. Farmen dieser Größenordnung werden kaum veräußert, sondern an die Kinder weitervererbt. Nur wenn Verarbeitungsbetriebe oder große Handelsketten eine vertikale Integration anstreben, können derartige kapitalintensive Betriebe als Ganzes übernommen werden.

Aufgaben:

1. Vergleichen Sie die Betriebsbeispiele hinsichtlich der Entscheidungen, die zu einer Spezialisierung geführt haben.
2. Vergleichen Sie die Beispiele hinsichtlich ihrer Betriebssysteme, der jährlichen Arbeitsabläufe und der Art der Vermarktung.
3. Erarbeiten Sie für die Betriebe a) und d) Schemata der inner- und außerbetrieblichen Verflechtungen.
4. Ordnen Sie den Milchwirtschaftsbetrieb in das Gefüge der Landnutzungszonen der USA ein und analysieren sie die Faktoren, die zur Entstehung des Dairy Belt geführt haben.
5. Vergleichen Sie den Betrieb mit einem ähnlichen in Ihrer Nähe, der Marsch oder dem Allgäu.

6. Analysieren Sie die Betriebsbeispiele a)–c) unter dem Gesichtspunkt der Marktsituation in der EG.
7. Vergleichen Sie die Schemata der Beispiele a)—d) und versuchen Sie zu einer Wertung im Hinblick auf ihre Abhängigkeit von der Landesnatur des Raumes zu gelangen, in dem sie wirtschaften

e) Agrarindustrieller Legehennenbetrieb

Egga-Landei GmbH & Co. KG

Sowohl was die Kapazität der Produktion als auch die Größe des Unternehmens angeht, stellt die Egga-Gruppe das umfangreichste Gebilde des agrarischen Produktionssektors in Südoldenburg dar. Wenn für einen Betrieb die Bezeichnung agrarindustriell zutrifft, dann für die in dieser Gruppe integrierten Produktionszweige.
Wenngleich es sehr interessant wäre, die Entstehungsgeschichte in allen Einzelheiten zu beleuchten und die wirtschaftlichen Gesichtspunkte herauszuarbeiten, die schließlich zu diesem Großunternehmen geführt haben, muß darauf verzichtet werden, weil es sich um sehr verwickelte besitzrechtliche Verhältnisse handelt.
Der boom auf dem Legehennensektor seit etwa 1965 ist aufs engste mit dieser Gruppe verknüpft. Am Anfang standen vier Gesellschafter, die planten, „groß in das Eiergeschäft einzusteigen", das hohe Gewinne versprach. Dabei gingen sie sehr zielbewußt vor und konzipierten von Anfang an Größenordnungen, die bislang auf dem Legehennensektor völlig unbekannt waren. In vereinfachter Form lief die Entwicklung etwa in folgender Weise ab.

Man begann zunächst mit gekauften Junghennen in einer Legehennenfarm, die 60 000 Tiere aufnahm. Die damaligen Eierpreise warfen hohe Gewinne ab, so daß der Bau weiterer Aufzucht- und Legefarmen in Angriff genommen wurde. Die Aufzucht wurde ebenfalls aufgenommen, weil man aus diesem Zweig Überschüsse erhoffte, da man in der Lage war, die legereifen Hennen an die Legegesellschaften (die ja in gleicher Hand waren) mit hohen Verdienstspannen weiterzuverkaufen.
Die vier Gesellschafter begannen in einer neuen Legehennengesellschaft mit einem Anfangskapital von 100 000 DM. Bei der Bank nahmen sie ein Darlehen von 150 000 DM auf. Mit diesem Grundkapital vergaben sie einen Bauauftrag für eine Stallanlage mit 100 000 Hennenplätzen. Dieses vorhandene Kapital wurde zum überwiegenden Teil auf die Baukosten angezahlt, der Rest vom Bauunternehmer gestundet.
Mit der Herstellerfirma für Haltungsgeräte wurde vereinbart, daß sie zunächst die Geräte liefern sollte, ohne sofort finanzielle Forderungen zu erheben. Mit beginnender Produktion erhielt sie pro gelegtes Ei 1,2 Pf (später 2 Pf). Die Brüterei lieferte den ersten Tierbesatz in eine Aufzuchtfarm ebenfalls, ohne den Rechnungsbetrag sofort zu fordern. Sie erhielt bei beginnender Produktion 4 Pf/Ei von der Legegesellschaft. Noch fehlte allerdings das Futter. Hier setzt nun ein Abschnitt in der Entwicklung ein, der wohl überhaupt den Zusammenbruch der Egga-Gruppe bei nicht mehr kostendeckender Produktion von 1969—1972 verhindert hat.
Der Futterlieferant verpflichtete sich nämlich vertraglich dazu, zunächst ein halbes Jahr lang Futter auf Wechselbasis an die Aufzuchtfarmen zu liefern. Weil ihm an der Erschließung eines neuen Marktes gelegen war, ging er sogar einen Vertrag ein, der ihm auf der einen Seite das Alleinlieferrecht des Futters zubilligte, von ihm auf der anderen Seite jedoch Liquiditätshilfen verlangte, falls die Produktion nicht mehr kostendeckend sein sollte. Diese Garantie hat bis 1973 den Zusammenbruch verhindert, allerdings auch beträchtliche Umwälzungen in der Organisation des Unternehmens zur Folge gehabt, worauf weiter unten noch einzugehen sein wird.
Innerhalb des ersten Produktionshalbjahres hatte jede Legehenne einer Farm mit 100 000 Plätzen, von der wir ausgingen, mindestens 100 Eier gelegt. Rechnet man mit einem

durchschnittlichen Erlös von 16,31 Pf/Ei, dann wäre in diesem Zeitraum unter Abzug aller Produktionskosten ein Gewinn von 180 000 DM angefallen. Dieser ließ sich unter Abschöpfung von 80 000 DM zum Neubau eines Stalles gleicher Größenordnung verwenden. Bei den anfänglichen Eierpreisen schien weder für die beteiligten Firmen noch für die Banken eine solche Neuanlage ein Risiko zu sein.

Durch Gründung weiterer Gesellschaften (GmbH & Co. KG), die einmal die Aufzucht der Junghennen übernahmen, zum anderen den Futtertransport, war es sogar möglich, innerhalb der einzelnen Unterzweige hohe Gewinne zu erzielen, so daß beim Endprodukt Ei Verluste eingeplant werden konnten. Teilweise arbeiteten Legefarmen von Anfang an ohne Gewinn.

Weil die Legehenne steuerlich als kurzlebiges Wirtschaftsgut behandelt und sofort voll abgeschrieben werden konnte, traten in den Legegesellschaften große Verluste auf, mit denen man die Gewinne aus den anderen Produktionszweigen ausglich. Der Vorteil war: man brauchte die Gewinne nicht zu versteuern.

Bei den in den Jahren 1966 bis Mitte 1969 bestehenden Eierpreisen und der hohen Nachfrage auf dem Markt konnte durch dieses ausgeklügelte Vorgehen die Produktionskapazität bis in die gegenwärtige Größenordnung ausgedehnt werden.

Die im Rückblick frappierend einfache Idee geriet erst in dem Augenblick ins Wanken, als durch immer mehr zunehmende Hennenzahlen die Erlöse unter die aufzuwendenden Produktionskosten sanken. Länger als 3 Jahre arbeiteten einige Legegesellschaften nicht mehr kostendeckend. Bedingt durch die hohen Tierzahlen entstanden sehr große Verluste. Nur durch Stundung der Verbindlichkeiten, die Liquiditätshilfe des Futtermittellieferanten und durch Einbringen von Gesellschaftskapital durch die Kommanditisten (vorwiegend Personen mit hohen Einkommen) konnte diese Situation bislang gemeistert werden.

Wie hoch die bisherigen Defizite waren, wird erkennbar, wenn man berücksichtigt, daß im Jahresdurchschnitt 1970 die Erzeugerpreise bei etwa 11,2 Pf/Ei lagen. Bei einem durchschnittlichen Hennenbestand von 2,3 Mill. Tieren ergab sich bei Produktionskosten von 14,51 Pf/Ei folgende Bilanz:

2,3 Mill. Tiere × 220 Eier		= 460 Mill. Eier
	Produktionskosten:	14,51 Pf/Ei
	Markterlös:	11,20 Pf/Ei
	Verlust:	3,31 Pf/Ei
460 Mill. Eier × 3,31 Pf/Ei		= 15,226 Mill. DM

Da aber bei Produktionsbeginn mit einer neuen Herde die Stallanlagen zumeist nicht schuldenfrei waren, lagen die Produktionskosten z. T. wesentlich höher (16,5 Pf) und damit auch die Verluste. So sind allein in dieser Gruppe seit 1970 etwa Defizite im Umfange von 40 Mill. DM aufgetreten, von denen jedoch 1973 durch beträchtliche Gewinne ein beachtlicher Anteil aufgefangen wurde.

Aus diesen Gegebenheiten resultierten tiefgreifende Wandlungen innerhalb der Egga-Gruppe. Es leuchtet ein, daß die Träger der Verluste nicht gewillt waren, diese weiterhin zu übernehmen. Deshalb wurde beschlossen, eine Trennung von Brutbetrieb, Aufzucht- und Legefarm sowie Futterlieferant nicht länger bestehen zu lassen. Eine Vollintegration aller beteiligten Produktionszweige in einer neuen Gesellschaft sollte dem Problem begegnen, weil man sich erhoffte, dadurch die Produktionskosten zu senken.

Schema 3 zeigt, daß diese Vollintegration zunächst noch nicht durchgeführt werden konnte, da die notwendigen Sanierungsmaßnahmen bei den beteiligten Untergesellschaften noch nicht abgeschlossen waren. Sie wurde in den Jahren 1975 und 1976 jedoch durchgeführt, so daß ab 1976 der Futtermittellieferant alleiniger Gesellschafter ist.

Nach Darstellung der Entwicklung und der wirtschaftlichen Probleme der Egga-Gruppe, die uns notwendig erschien, um aufzuzeigen, wie es zur Bildung solcher Mammutunternehmen kommen konnte, soll nun die Struktur dieses Unternehmens weiter dargelegt werden.

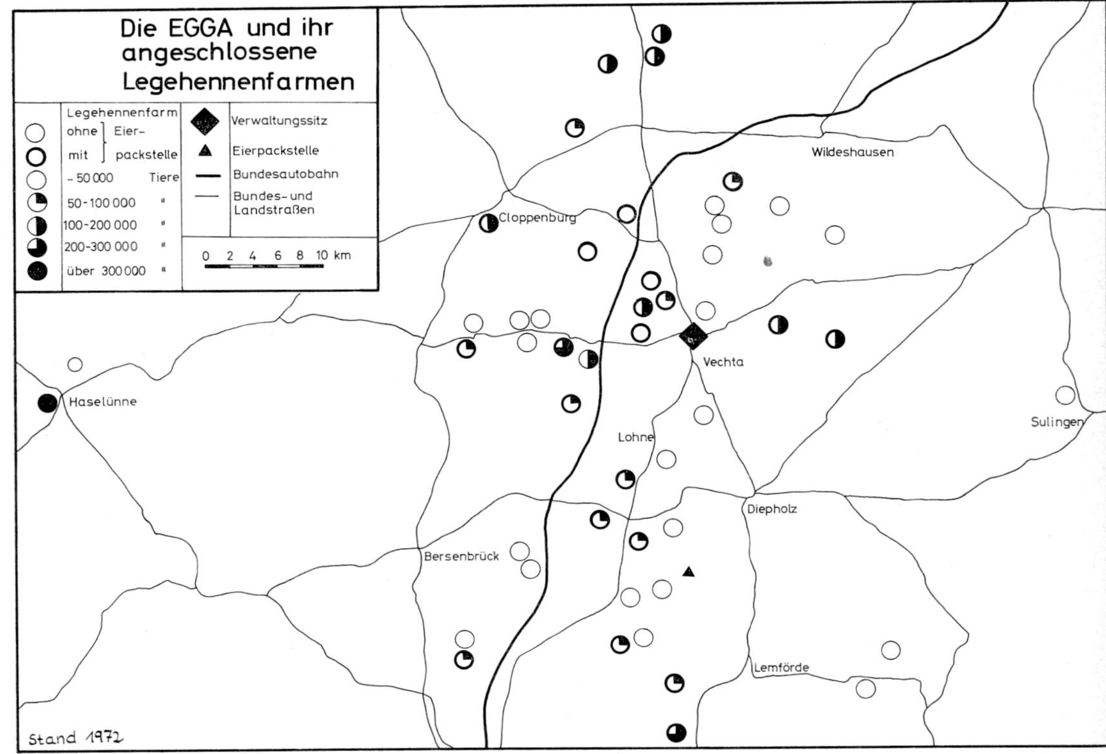

Abb. 4

Handelsklasse	Kisten (× 360 Eier)
1	143 780
2	370 602
3	630 873
4	543 647
5	214 033
6	49 072
7	7 427
Knickeier	63 064
gesamt	2 022 498 = 728,1 Mill.

Tab. 3 Eierproduktion in den der Egga angeschlossenen Legefarmen von der 48. Woche (1971) bis zur 45. Woche (1972) (nach Auskunft der Betriebsleitung)

Die über die Egga vermarktenden Farmen sind sehr unterschiedlicher Größenordnung (vgl. Abb. 4). Die größte 1974 noch zur Gruppe gehörende Farm ist Welplage (255 200 Stallplätze), dann folgen Hausstette (242 000) und Bissel (191 050). Weitere 12 Farmen können über 100 000 Tiere aufnehmen. Der kleinste angeschlossene Lohnhaltungsbetrieb verfügt über 4000 Stallplätze. Die Farm Haselünne (308 332), die anfangs ebenfalls über die Egga vermarktete, gehört nicht mehr zur Gruppe, im Jahre 1975 und 1976 wurden weitere Großfarmen verpachtet.

Die Vermarktungsgesellschaft Egga, die der gesamten Gruppe den Namen gegegeben hat, ist ein reiner Dienstleistungsbetrieb, der die von den Farmen er-

zeugten Eier verkauft. Sie nimmt eine Mittlerfunktion zwischen Produzenten und Käufer ein.
Der Vermarktung schließt sich der Transport an. Die zu diesem Zweck gegründete Frischdienst Vechta GmbH & Co. KG verfügte 1971 über 15 Thermoszüge mit Anhänger, 6 kleinere Fahrzeuge und einen Kleintransporter. Die Ladekapazität des Fuhrparks belief sich auf 12 915 Kisten (= 4 649 000 Eier). Ein solches Unternehmen kann nur bei hohem Ausnutzungsgrad rentabel wirtschaften. Weil es sich bei dem Transport um Werksfernverkehr handelt, ist es schwierig, für die Lastwagen eine Rückladung zu finden. Gerade bei den weiten Touren belastet dies die Ren-

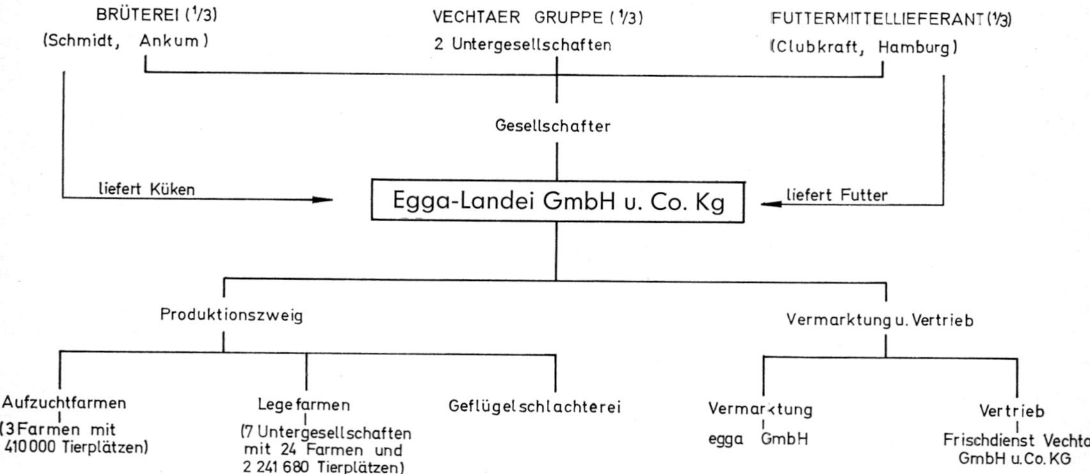

Schema 3 Das Betriebssystem der Egga-Landei GmbH & Co. KG (nach Auskunft der Geschäftsleitung)

tabilität in hohem Maße. Aus diesem Grunde ist der Fuhrpark seit 1972 verkleinert worden. Ein Teil der verkauften Ware wird jetzt durch Speditionen zugestellt.
Will man die Gesamtorganisation der Egga-Gruppe nach den im Jahre 1972 eingetretenen Wandlungen charakterisieren, ergibt sich folgendes Bild (vgl. Schema 3). Diese Unternehmensstruktur bestand jedoch nur bis 1975/76. Danach kaufte der Futtermittellieferant die Anteile der beiden anderen Gesellschafter auf.
Fassen wir zusammen: Die Egga-Gruppe ist innerhalb weniger Jahre zu einem der größten Eierproduzenten Europas geworden. Durch hohe Verluste aufgrund nicht kostendeckender Preise kam es zu einem Zusammenschluß mehrerer Produktionszweige, die in eine Vollintegration mündete. Durch diese Maßnahmen hat die Gruppe einen konzernartigen Charakter erhalten.
Das zukünftige Geschick des Unternehmens hängt vor allem von der weiteren Entwicklung auf dem Legehennensektor ab. Bei weiter zunehmenden Hennenzahlen wird es sicherlich auch in den nächsten Jahren nicht zu einer besseren Preissituation auf dem Eiermarkt kommen. Ob die Gruppe dies wird verkraften können, bleibt abzuwarten, zumal ihr hinsichtlich der Beseitigung der Abfallstoffe Probleme ins Haus stehen, die sicherlich sehr kostenaufwendig sein werden.
Die ablaufenden Steuerungsvorgänge und die Wechselbeziehungen zum Markt sowie Betrieben des sekundären und tertiären Produktionssektors zeigt Schema 4.

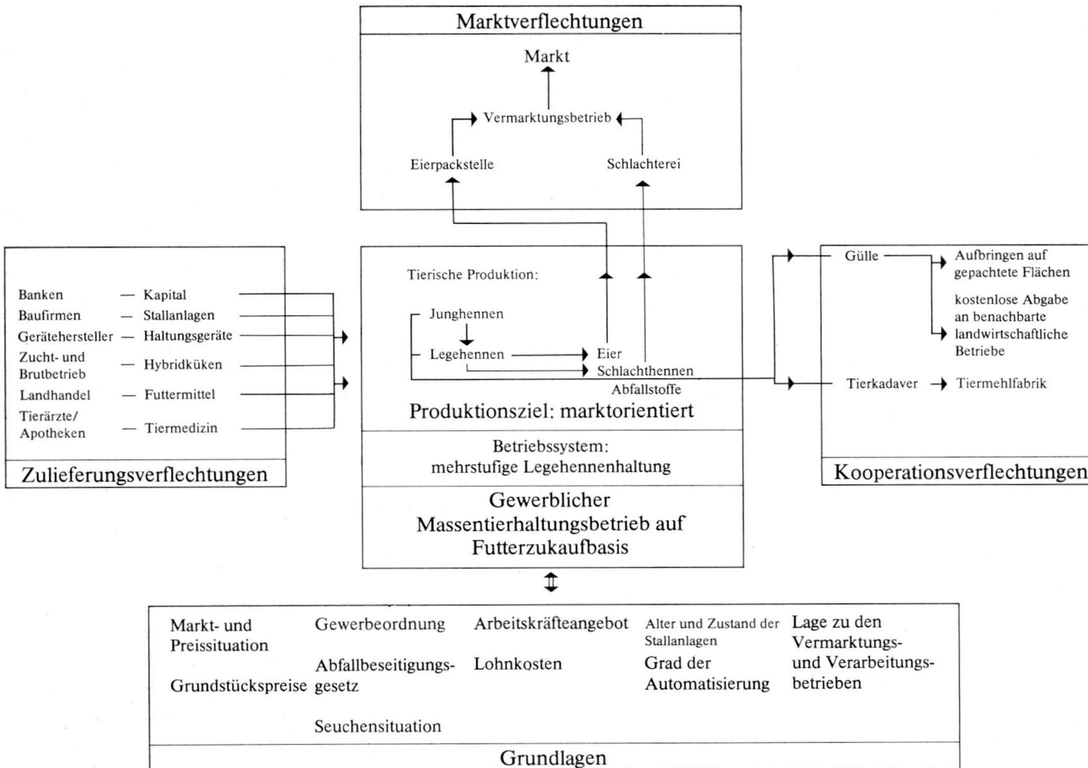

Schema 4 Die außer- und innerbetrieblichen Verflechtungen eines gewerblichen Massentierhaltungsbetriebes auf Futterzukaufbasis.

f) Agrarindustrieller Kälbermastbetrieb

Kälbergroßmästerei und Kälbergroßschlachterei B. (Steinfeld)

Zu den größten Massentierhaltungsbetrieben im Oldenburger Münsterland zählt die Kälbergroßmästerei und -schlachterei B. in Steinfeld, die sich innerhalb weniger Jahre aus kleinsten Anfängen zum führenden Kalbfleischproduzenten in Europa entwickelt hat. Sowohl was die Größe der Produktionseinrichtungen (Abb. 5), die Produktionsleistung als auch die Organisation des Betriebes angeht, stellt dieses Unternehmen eine Ausnahmeerscheinung dar. Gerade an diesem Beispiel läßt sich gut verdeutlichen, wie die Initiativleistung einer Einzelperson der Ausgangspunkt für weitere ähnliche Veredlungsbetriebe gewesen ist. Das Innovationszentrum läßt sich sowohl in räumlicher als auch zeitlicher Einordnung genau fixieren.

Die Mästerei und die angeschlossene Großschlachterei stellen ein im Vergleich zu der schon seit der Jahrhundertwende betriebenen Schweinemast junges Unternehmen dar. Die Anfänge sind mit der Eröffnung eines Notschlachtungsbetriebes im Jahre 1957 anzusetzen. Bis 1962 hatte sich dieser bereits zu einer beträchtlichen Größe entwickelt, die sich an der Zahl von 120 Schlachtungen pro Tag ermessen

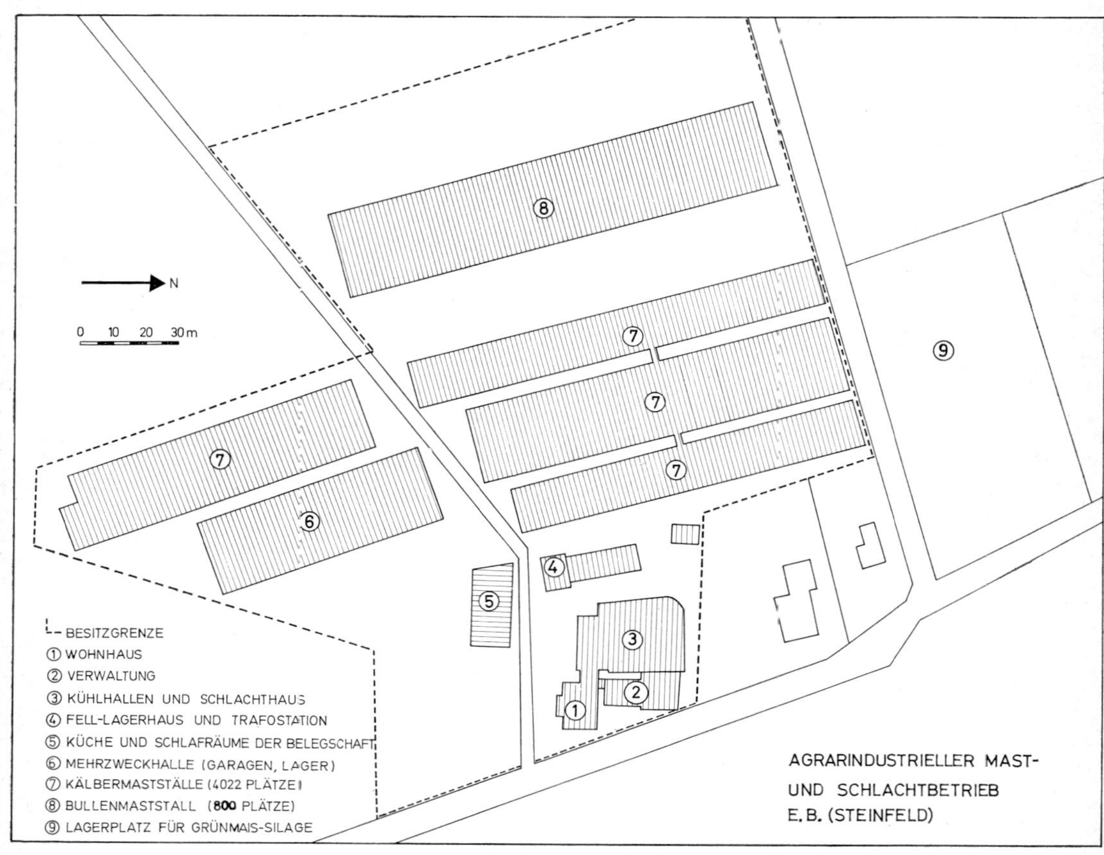

Abb. 5 Lageplan des agrarindustriellen Mast- und Schlachtbetriebes B. in Steinfeld (nach: Bauzeichnungen)

läßt. In einem neu errichteten Schlachthaus wurden daneben noch 200 Stück Großvieh pro Woche zusätzlich geschlachtet. Schon bald setzte eine Spezialisierung ein, weil man vorwiegend Kälber schlachtete. Die gemästeten Kälber wurden bis 1965 allerdings noch von Veredlungsbetrieben gekauft. Erst in diesem Jahre begann man in Steinfeld mit der eigenen Mast. Die Erkenntnis, daß bei zunehmender Konkurrenz auf dem Markt die Preise für Mastkälber dauernd weiter anziehen würden und damit die Rentabilität des Betriebes sowie ein gleichbleibendes Angebot nicht mehr gewährleistet wären, veranlaßten den Betriebsleiter dazu, selbst die Mast zu beginnen. Zunächst wurden 17 Kälber eingestallt. Innerhalb von sechs Jahren ist dieser Bestand auf 16 000 Tiere (1972) angewachsen. Es kam während der ersten Jahre zu Rückschlägen, weil man im Bereich der Mastkälberhaltung bislang mit Beständen dieser Größenordnung nicht vertraut war. In aufwendigen Versuchen mußten neue Haltungsformen entwickelt werden, die imstande waren, bei möglichst geringen Verlusten optimale Ergebnisse zu bringen. Im Laufe der Zeit ist durch die hohen Tierzahlen ein Erfahrungsschatz erworben worden, der heute einen nahezu reibungslosen Ablauf von Produktion und Verarbeitung garantiert.

Hinsichtlich der notwendigen Voraussetzungen unterscheidet sich ein Kälbermastbetrieb dieser Größenordnung grundlegend von Mastgeflügelbetrieben ähnlichen Umfanges. Der wesentliche Unterschied ist in der Beschaffung der Jungtiere zu sehen. Die mögliche Produktion von Kalbfleisch ist in viel stärkerem Maße abhängig vom Angebot an Jungtieren als beim Geflügel. Während dort innerhalb von drei Wochen eine umfangreiche Bestandserweiterung möglich ist, hängt dies bei der Kälbermast von der Zahl der gehaltenen Milchkühe ab. Im Vergleich zu einer Legehenne, die mehr als 220 Eier im Jahr legt, kalbt eine Kuh nur einmal, wodurch die Regenerationsfähigkeit der Mastbetriebe stark eingeschränkt wird. Aus dieser Tatsache wird verständlich, weshalb ein Betrieb dieser Größenordnung aus weit entfernt liegenden Milchviehhaltungsbetrieben junge Kälber bezieht. Nur etwa 10—20% der wöchentlich benötigten 1200—1500 Kälber werden in Südoldenburg gekauft, der Großteil stammt aus dem Aachener, Dürener Raum sowie der Eifel, dem Westerwald und dem Sauerland.

Im Jahre 1971 wurden in Steinfeld und bei den 66 Vertragsmästern, die im Kreis Vechta und im südlichen Cloppenburg beheimatet sind, etwa 45 000 Tiere gemästet. Bei dieser hohen Zahl ist eine genaue Planung des Produktionsablaufes unbedingte Voraussetzung. Die Kälber werden in den einzelnen Stalleinheiten (maximale Größe in Steinfeld 262 Halteboxen) im all in-all out-Verfahren eingesetzt, um einmal das Ansteckungsrisiko herabzusetzen und zum anderen eine Vereinfachung des Fütterungs-, Ein- und Ausstallungs- sowie Reinigungsablaufes zu erreichen. Die Tiere werden in Boxen (55×150 cm) aus Eichenholz gehalten, die sich wegen ihrer geringen Wasseraufnahme sehr gut bewährt haben. Zwischen den Boxenreihen liegt der Futtergang, von dem aus die Kälber getränkt werden. Die Tränkung der 4000 Tiere im Steinfelder Betrieb dauert täglich etwa vier Stunden (am Morgen von 6—8 und nachmittags von 16—18 Uhr). Verfüttert wird ein Intensivfutter, das mit Vitaminen und Antibiotika versetzt ist, um die Gesundheit der Tiere zu gewährleisten.

Aufgrund der günstigen Preisentwicklung für Rindfleisch erfolgte im Jahre 1972 eine Erweiterung des Mastsektors. In einer eigens zu diesem Zweck errichteten Stallanlage werden in Zukunft 800 Mastbullen gehalten. Es kommt über den Lohnmaisanbau zu einer engen Kooperation mit landwirtschaftlichen Betrieben im Nahbereich.

Bei der Kapazität von 45 000 Schlachtungen (1971) und etwa 42 500 (1972) ist das reibungslose Ineinandergreifen mit dem Mastbetrieb von größter Wichtigkeit. Am Vorabend der Schlachttage (Montag, Donnerstag, Freitag) werden die Vertragsmäster davon in Kenntnis gesetzt, wann am folgenden Tage die Schlachtkälber abgeholt werden. Da in der Schlachterei in einem fließbandähnlichen Verfahren gearbeitet wird, kommt es auf eine pünktliche Anlieferung der Tiere an. Bei maximaler Auslastung sind 35 Personen beschäftigt, die etwa 60 Kälber pro Stunde schlachten. Dabei wird im streng arbeitsteiligen Verfahren vorgegangen. Die der Schlachterei angeschlossenen Kühlhäuser können die gesamten in einer Woche geschlachteten Tiere aufnehmen. Neben dem Fleisch werden auch alle anfallenden Nebenprodukte verwendet.

Im Betrieb werden nur so viele Kälber geschlachtet wie verkauft sind. Dies stellt bei der Größe des Unternehmens kein Problem dar, ist aus lagerungstechnischen Gründen aber unbedingte Voraussetzung. Es ist vor allem in den Sommermonaten sehr viel leichter, das lebende Tier einige Tage länger zu halten.

Der Verkauf geschieht vorwiegend per Telefon. Absatzgebiet ist die gesamte Bundesrepublik Deutschland einschließlich Westberlin. Die Kühltransporter des Unternehmens werden meistens am Sonntag beladen. Mit Hilfe von Förderanlagen kann das ausgeschlachtete Kalb direkt auf den Lkw gebracht werden. Über die Hansalinie, deren Verkehrsanbindung für den Betrieb sehr nützlich ist, rollen die Kühlzüge zu den Abnehmern (hauptsächlich große Fleischagenturen), wo sie bereits in der Nacht zum Montag eintreffen.

Von den anfallenden Nebenprodukten stellen die Felle das wichtigste dar. Über einen Agenten werden sie nahezu ausschließlich nach Holland verkauft. Der größte Teil geht von dort entweder in osteuropäische Staaten oder nach Übersee. Daneben ist auch das anfallende Blut von Bedeutung. Zur Lagerung steht ein gesondertes Kühlhaus zur Verfügung. Nach der Reinigung wird es mit Alkohol versetzt und bei — 30°C in 75×45 cm große Blöcke gefroren. Diese Blöcke werden einmal im Monat an ein Chemiewerk in der Schweiz abgesetzt. Hier wird das Blut als Grundstoff für die Herstellung verschiedenster Erzeugnisse verwendet (z. B. Globuline). Die Labmägen gehen über ein Großhandelsunternehmen an Käsefabriken.

Bei Verwendung aller Produkte kann die Schlachterei sehr rentabel wirtschaften, allerdings lohnt sich die Vermarktung nur wegen der großen Kapazität des Betriebes.

Welche Umsätze hier bewältigt werden, wird erkennbar, wenn man berücksichtigt, daß ein gemästetes Kalb, mit einem Lebendgewicht von 150—160 kg, etwa einen Wert von 750—800 DM hat. Bei einer Mastzahl von 45 000 Tieren sind das etwa 33,75—36,00 Mill. DM. Durch die enge Zusammenarbeit zwischen Mast- und Schlachtunternehmen kann auch bei geringem Gewinn aus der Mast rentabel gearbeitet werden, weil mit steigender Nachfrage auf dem Markt die Preise für Kalbfleisch sicherlich nicht nachgeben werden.

Der Zentralbetrieb in Steinfeld verfügt über 80—100 ständige Mitarbeiter. Im Dezember 1971 waren 78 Mitarbeiter fest angestellt, zusätzlich wurden an den Schlachttagen noch 30 Aushilfskräfte beschäftigt. 52 Personen, davon 24 Spanier, wohnen in eigens zu diesem Zweck errichteten Zimmern auf dem Betriebsgelände. Sie werden von einer Großküche des Betriebes versorgt (vgl. Abb. 5).

Im Vergleich zu anderen Großunternehmen dieser Art im Oldenburger Münsterland verfügt das Unternehmen über einen überraschend kleinen Verwaltungsapparat. Von nur vier Personen werden die gesamte Betriebsführung, der Verkauf und die Vermarktung bewältigt, wodurch sich die auf diesen Sektor entfallenden Kosten sehr niedrig halten lassen.

Fassen wir zusammen: Innerhalb weniger Jahre hat sich durch die Initiative des Betriebsleiters aus einem Notschlachtungsbetrieb der größte Kalbfleischproduzent Europas entwickelt. Die sehr günstige Koppelung von Mast- und Schlachtzweig wirft trotz steigender Preise für Jungtiere und Futter weiterhin hohe Gewinne ab. Allerdings ist dies nur möglich bei großer Nachfrage nach Kalbfleisch, geringen Verwaltungskosten und einer straffen Leitung des Unternehmens. Nach Auskunft des Besitzers wird eine Entwicklung über 20 000 Mastplätze hinaus kaum eintreten, weil damit etwa die Maximalgröße eines in dieser Weise zu bewirtschaftenden Betriebes erreicht sein dürfte. Durch die Aufnahme der Bullenmast sind die Kälberzahlen gegenwärtig sogar rückläufig. Die ständig steigenden Ankaufpreise für Jungtiere führten ab 1973 zur Lösung einer Reihe von Vertragshaltungen.

g) Agrarindustrieller Rindermastbetrieb

Ohio Feed Lot (South Charleston)

Seit 1968 wird in der Nähe von Columbus in Ohio eine Anlage betrieben, die über 20 000 Mastplätze verfügt. Ein derartiger Betrieb läßt sich nur unterhalten, wenn das Abfallproblem gelöst werden kann. Hier hat das Unternehmen richtungweisend gearbeitet.

Die Tiere werden ganzjährig in überdachten Ställen gehalten. Jeder der acht Ställe (Baukosten jeweils 100 000 $) ist 450 m lang und etwa 20 m breit. Er ist in 20 Buchten unterteilt, in die jeweils 100—125 Tiere mit einem Anfangsgewicht von 225—350 kg eingestallt werden. Eine Bucht bleibt unbesetzt, um den Säuberungsprozeß fortlaufend durchführen zu können. Das Jungvieh wird vorwiegend aus Kentucky und Tennessee erworben. Die Tiere werden bis zu einem Endgewicht von 450—500 kg gemästet, was je nach Anfangsgewicht 120 bis 210 Tage dauert. Die durchschnittliche Gewichtszunahme beträgt 1,2 kg/Tag. Verfüttert wird ein Gemisch aus Mais, Sojabohnen und dem aufbereiteten Zellulose-Kotgemisch, welches aus dem Streumaterial gewonnen wird.

Das Unternehmen kauft die Jungtiere, übernimmt die Mast und die Vermarktung der schlachtreifen Tiere. Für diese Dienstleistungen erhält es: 2,50 $ für die Betreuung, 7 c/Tier/Tag als Stallmiete, 1,50 $ für das Einstallen der Jungtiere, 5% Aufschlag auf die verwendete Medizin. Das Futter wird zum Selbstkostenpreis geliefert, nur die Verarbeitung in der betriebseigenen Mühle und das Mischen werden mit 9 $/t berechnet. Zusätzlich zu den Erträgen aus den 100 ha LN des Unternehmens wird noch von benachbarten Farmen und Futtermittelfabriken des Nahbereiches Futter aufgekauft. Die Fütterung geschieht mit zwei Lastkraftwagen, die in Längsrichtung durch die Ställe fahren (vgl. Abb. 6). Auf dem Lkw ist eine Waage angebracht, mit der das Futter genau dosiert und dem Besitzer der Tiere in Rechnung gestellt werden kann.

Die schlachtreifen Tiere werden durch den Betrieb im Auftrag der Besitzer an Großschlachtereien verkauft. Der Erlös lag bei einem Endgewicht von 500 kg im August 1973 zwischen 500 und 600 $, wäre ohne den Preisstopp für Rindfleisch aber sicherlich höher gewesen.

Da das Unternehmen, welches von je einem Verkaufsleiter, Betriebswirtschaftler und Agraringenieur geleitet wird, kein Produktionsrisiko zu tragen hat, kann es mit Gewinn arbeiten. Zusätzlich erwachsen aus der Verwertung der Abfallstoffe noch Einkünfte, die in der Lage sind, Verluste zu decken, die aus einer geringen Belegung der Stallanlagen herrühren könnten. Es ist hier zu einer interessanten Kooperation mit einer Papierfabrik in Chillicothe gekommen. Der Papierfabrik stellten sich Probleme hinsichtlich der Verwertung der Holzabfälle, dem Mastbetrieb in bezug auf die Beseitigung des Kot-Harn-Gemisches. Versuche ermöglichten es, die Holzabfälle als Einstreu zu verwenden und durch besondere Aufbereitung das entstehende Gemisch aus Holz, Kot und Harn später wieder zu verwenden. In einem vom Unternehmen entwickelten Verfahren (natural digestion) wird das Gemisch nach fünftägiger Lagerung mit Sauerstoff angereichert. Danach wird es erneut gelagert, wodurch es sich auf 85° C erhitzt. Dabei wird das Volumen geringer, doch treten keine geruchsbildenden Gase auf. Nach mehreren Wochen kann das so umgewandelte Produkt gemahlen werden. 95% werden in unterschiedlich große Säcke abgefüllt und an Baumschulen und Kaufhäuser verkauft, 5% als Rauhfutter an das Mastvieh zurückverfüttert.

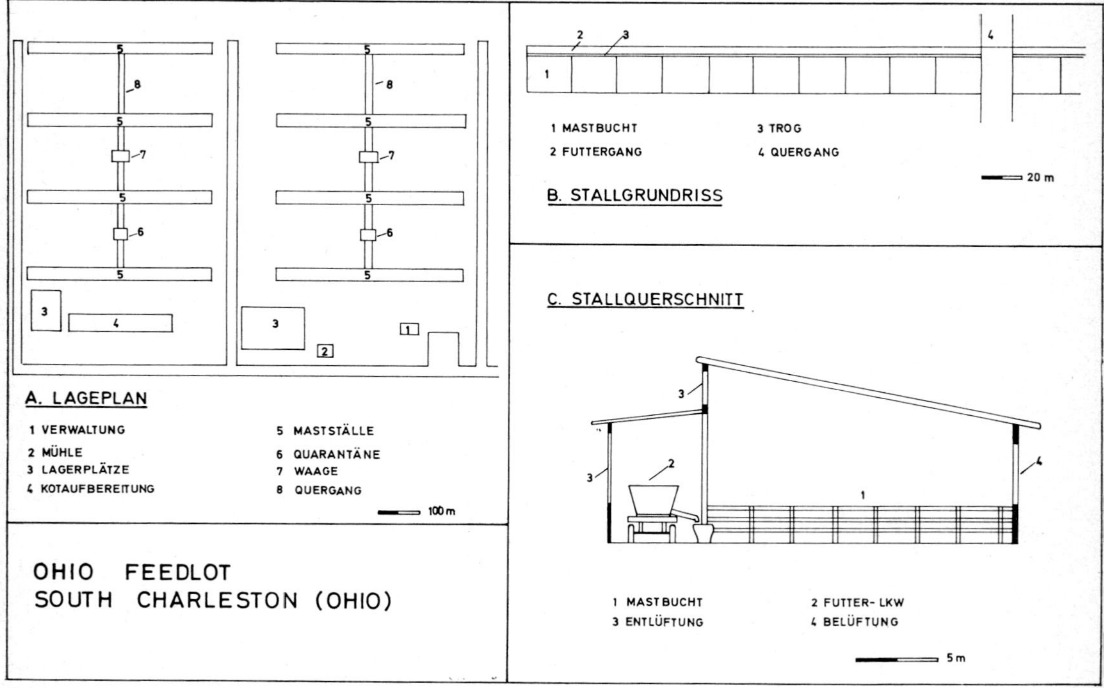

Abb. 6

Die Holzabfälle werden von der Papierfabrik kostenlos abgegeben. Nur der Transport ist vom Mastbetrieb zu tragen. Die Errichtung der Fabrik zur Kotumwandlung hat etwa 800 000 $ gekostet. Sie kann täglich 400 t verarbeiten. Während des Sommers und Herbstes setzt man pro Tag zwischen 500 und 800 t Dünger ab, wofür 24 $/t erzielt werden. Die Nachfrage ist gegenwärtig höher als die bereitstellbare Menge. Nach Auskunft des Verkaufsleiters wird die Anlage schon 1974 Gewinn abwerfen. Das Problem der Abfallbeseitigung, welches in vielen Großunternehmen der Bundesrepublik Deutschland sehr viel Kapital verschlingt (vgl. HOFFMANN u. WINDHORST 1973), konnte hier also in einen gewinnbringenden Zweig des Betriebssystems umgewandelt werden. Hinsichtlich der Verringerung der Umweltbelastung stellt der Betrieb sicherlich ein richtungweisendes Beispiel dar.
Ein ausgereiftes System der Haltung, gute Masterfolge mit geringen Ausfällen und eine problemlose Beseitigung der Abfallstoffe ergänzen sich zu einem qualifizierten Management, so daß trotz der angespannten Wettbewerbssituation Gewinne für die Besitzer der Tiere und die Unternehmer erzielt werden können. Betriebe dieser Größenordnung sind bislang im Mittelwesten noch selten, Stallhaltung eines derartig großen Bestandes dürfte auf der Welt einmalig sein. Unternehmen dieser Art

werden in der Lage sein, mit den Produzenten des Südwestens und Westens zu konkurrieren. Eine Verbreitung der Kotumwandlungsanlage wird gegenwärtig vorbereitet. Sie zeigt einen Weg, der zu erwartenden Beschränkung hinsichtlich der Verwertung der Abfallstoffe aus der tierischen Produktion durch die Regierung zu begegnen.

Aufgaben:

1. Entwickeln Sie Schemata der inner- und außerbetrieblichen Verflechtungen für die Beispiele f) und g).
2. Vergleichen Sie die Beispiele e) und g) hinsichtlich ihrer Betriebssysteme, der eingetretenen vertikalen Integration, der Art der Vermarktung und ihrer Produktionsleistung.
3. Stellen Sie in schematischer Form die Kooperationsverflechtungen der Beispiele e) und g) dar, gehen Sie aus vom Problem der Beseitigung der Abfallstoffe. Ziehen Sie auch Beispiel a) heran und erarbeiten Sie, welche Veränderungen durch die Gülleabnahme in der Betriebsstruktur des Hofes eingetreten sind.
4. Vergleichen Sie die Methoden der Beseitigung der Abfallstoffe und bewerten Sie diese im Hinblick auf Gesichtspunkte des Umweltschutzes. Ziehen Sie dazu das Abfallbeseitigungsgesetz der Bundesregierung heran.
5. Vergleichen Sie die Beispiele hinsichtlich der Entwicklung zu agrarindustriellen Unternehmen und analysieren Sie die Entscheidungen, die zur vertikalen Integration führten.
6. Versuchen Sie zu ergründen, weshalb die hier vorgestellten Beispiele als agrarindustrielle Betriebe bezeichnet worden sind und charakterisieren Sie diese Form der agrarischen Produktion.
7. Vergleichen Sie die Beispiele b), f) und g) hinsichtlich der Haltungsformen und der Arbeitsabläufe.
8. Analysieren Sie ähnliche Betriebe in Ihrer Nähe. Falls das nicht möglich ist, untersuchen Sie die funktionalen Verflechtungen eines Schlachtbetriebes bzw. Verarbeitungsbetriebes tierischer Produkte in Ihrem Nahbereich.

III. Probleme der räumlichen Vergesellschaftung von spezialisierten Agrarbetrieben

Bei der Turbulenz der Wandlungsvorgänge, die sich seit etwa 1965 im Oldenburger Münsterland zugetragen haben, konnte es nicht ausbleiben, daß es zu vielschichtigen Problemen kam, die erst durch die Ausweitung der tierischen Veredlungswirtschaft hervorgerufen wurden. Die wichtigsten Problemkreise sind, abgesehen von der Verdichtung der Siedlungen und der Zersiedelung des Raumes durch Stallanlagen, in der Verwertung und Beseitigung der Abfallstoffe, dem gehäuften Seuchenauftreten und den finanziellen Schwierigkeiten durch Preisverfall bei einigen Produkten zu sehen.

Die Probleme erwuchsen letztlich aus der immer mehr um sich greifenden Verdichtung spezialisierter Veredlungsbetriebe. Der geringe Abstand der Unternehmen zueinander führte zu einem gehäuften Auftreten von Seuchenfällen, was vormals nicht in dem Ausmaß der Fall war. Schweine- und Hühnerpest erreichten eine große Verbreitung und gefährden auch gegenwärtig eine Vielzahl von Betrieben. Dazu kommt eine lawinenartige Vermehrung der Abfallstoffe, vor allem von Gülle und Trockenmist. Die Beseitigung stellt bei der nicht beliebig vermehrbaren landwirtschaftlichen Nutzfläche des Wirtschaftsraumes ein ernstes Problem dar. Umweltgefährdende Güllegaben und mißbräuchliche Verwendung machten Gesetze zum Schutze der Allgemeinheit notwendig. Sie werden wahrscheinlich eine Ausweitung der

Massentierhaltung verlangsamen. In einigen Teilen des Kreises Vechta ist allerdings die Belastung der Nutzfläche schon über ein vertretbares Maß angestiegen oder bewegt sich nah an der Grenze der zulässigen Werte. Hier muß in Zukunft mit ernsten Schäden für die Bodenstruktur und das Grundwasser gerechnet werden, wenn weiterhin im bisherigen Ausmaß Flüssigmist aufgebracht wird.

Darüberhinaus kam es zu Preiseinbrüchen auf einigen Sektoren der Veredlungswirtschaft und damit zu wirtschaftlichen Problemen, die die Rentabilität einer Zahl von Betrieben in Frage stellen.

Fragt man nach den letztlich entscheidenden Ursachen, dann muß man sie in der sehr schnellen Ausweitung der tierischen Produktion sehen. Diese hat zwar hinsichtlich der Erträge aus dem Getreidebau durch den hohen Mineralgehalt der Abfallstoffe fördernd gewirkt und völlig neue Betriebssysteme bewirkt und zu einer Veränderung in der Wertschätzung der Böden geführt, doch wurden vielfach ökologische Aspekte nicht genügend berücksichtigt. Ebenfalls ist von den zuständigen Behörden die Entwicklung nicht früh genug unter diesem Blickwinkel gesehen worden. Als die Ausweitung einmal stattgefunden hatte und eine eigenständige Problematik auftrat, die erst aus diesen Produktionsformen erwuchs, fehlte es an dem notwendigen Instrumentarium, um die Entwicklung schnell genug in den Griff zu bekommen. Um nicht den gesamten Veredlungssektor in seiner Wirtschaftlichkeit zu gefährden, muß man auch weiterhin die bestehenden Nachteile in Kauf nehmen. Allerdings sollte diese Entwicklung die Gefahren aufzeigen, die aus einer Konzentration derartig spezialisierter Betriebe erwachsen. Die Festlegung auf ein bestimmtes Produktionsziel ist in den meisten Betrieben bereits in einer Weise fortgeschritten, daß eine Beschränkung von seiten des Gesetzgebers den wirtschaftlichen Zusammenbruch nach sich ziehen könnte. Insofern stellt die Spezialisierung in dem hier eingetretenen Ausmaß ein Risiko dar, wenngleich man sagen muß, daß nur ein spezialisierter Betrieb in Zukunft in der Lage sein wird, konkurrenzfähig zu produzieren. Eine Massierung hochgradig spezialisierter Betriebe auf engstem Raum, verbunden mit den daraus resultierenden Problemen, ist aber nach den hier gefundenen Ergebnissen nicht empfehlenswert. Hier ergibt sich eine Diskrepanz, die bei der Übertragung dieser Produktionsformen in andere Wirtschaftsräume zu bedenken ist.

Arbeitsthemen

1. Das Thünen'sche Gesetz — Beschreiben Sie das Modell und stellen Sie die Ursachen dar, die zur Spezialisierung der Betriebe in den einzelnen Ringen führen.
2. Das Gesetz vom abnehmenden Ertragszuwachs — Erläutern Sie das Gesetz und stellen Sie die Auswirkungen dar, die es auf die Produktionsausrichtung eines Agrarbetriebes hat.
3. Ein Obst- und Gemüsebaubetrieb im Alten Land, im Rhein-Main-Gebiet oder auf Reichenau. — Stellen Sie die Faktoren aus dem geoökologischen und sozioökonomischen Bereich zusammen, die hier zu einer Spezialisierung geführt haben.
4. Ein Milchwirtschaftsbetrieb in der Marsch oder im Allgäu. — Entwickeln Sie ein Modell der außer- und innerbetrieblichen Verflechtungen nach dem Muster der im Text dargestellten Beispiele.
5. Ein Weinbaubetrieb an der Mosel. — Charakterisieren Sie die Betriebsform bzw. das Betriebssystem, stellen sie den jährlichen Arbeitsablauf in Form eines Schemas dar und analysieren Sie die Siedlungsform eines Weinbauortes.
6. Analysieren Sie Beispiele überseeischer Agrarbetriebe unter den im Text vorgestellten Gesichtspunkten. Wählen Sie dabei zwischen:

a) einer Ranch im Westen der USA, b) einer Hacienda in Argentinien, c) einer Schaffarm in Neuseeland, d) einer Weizenfarm in Kansas oder Saskatchewan, e) einem Obst- und Gemüsebaubetrieb in Kalifornien oder Florida, f) einer Baumwollplantage im Süden der USA, g) einer Teeplantage auf Ceylon.

7. Analysieren Sie Beispiele europäischer Agrarbetriebe unter den im Text vorgestellten Gesichtspunkten. Wählen Sie dabei zwischen:
   a) einem Veredlungsbetrieb in Dänemark, b) einem Obst- und Gemüsebetrieb in den Niederlanden, c) einem Schafzuchtbetrieb in Schottland, d) einer auf Getreidebau spezialisierten Kolchose in der Ukraine, e) einem Obst- und Gemüsebaubetrieb in der Huerta von Valencia bzw. am Golf von Neapel.
8. Erarbeiten Sie den Ansatz der Innovationsforschung, stellen Sie die Bedeutung der Innovationsausbreitung für Wandlungsvorgänge dar und analysieren Sie eines der beiden folgenden Beispiele unter diesem Ansatz:
   a) Spezialkulturen im Rhein-Main-Gebiet, b) Baumwollanbau im Süden der USA.
9. Stellen Sie das Belt-Konzept der amerikanischen Agrargeographie in seiner ursprünglichen Form dar und untersuchen Sie die Ursachen, die zu einer Modifikation dieses Konzeptes geführt haben.
10. Diskutieren Sie die Möglichkeiten der Agrarbetriebe der EG, sich in Zukunft stärker zu spezialisieren. Gehen Sie dabei von der gegenwärtigen Struktur der Landwirtschaft in den Mitgliedsländern aus.
11. Untersuchen Sie die Ausbreitung des Körnermaisanbaues in der Bundesrepublik Deutschland im Hinblick auf seine Ursachen.
12. Referieren Sie über: Die Wandlung der Landwirtschaft zur Agrar-Industrie in Japan, der Bundesrepublik Deutschland und in den USA nach A. E. Johann, Weltreise auf den Spuren der Unruhe. Gütersloh 1970.

Literatur

Agrarbericht des BML 1972. Bonn 1972.

Agrimente '75. (Hrsg. v. d. Informationsgemeinschaft für Meinungspflege und Aufklärung e. V.) Hannover o. J.

Andreae, B.: Betriebsformen in der Landwirtschaft. Stuttgart 1964.

Barall, H.: Spezialisierte Landwirtschaft. München 1967.

Bartels, D.: Die heutigen Probleme der Land- und Forstwirtschaft in der Bundesrepublik Deutschland. In: FRAGENKREISE. Paderborn 1968[3].

Boesch, H.: Weltwirtschaftsgeographie. Braunschweig 1969[2].

Clemens, P.: Heimatkunde des Oldenburger Münsterlandes. Oldenburg 1949.

Haas, P. G. de.: Marktobstbau. München 1957.

Jensch, G.: Das ländliche Jahr in deutschen Agrarlandschaften. Berlin 1957.

Jungehülsing, H.: Rentable Veredlungswirtschaft. Stuttgart 1965.

Kuhn, G.: Betriebsformen und Sozialstruktur in der Landwirtschaft. In: Studium Generale 11 (1958), S. 421—425.

Niehaus, H.: Die Stellung des Bauern in der modernen technischen Welt. In: Studium Generale 11 (1958), S. 442—448.

Otremba, E.: Allgemeine Agrar- und Industriegeographie. Stuttgart 1960[2].

ders. (Hrsg.): Atlas der deutschen Agrarlandschaft. 4 Lief. Wiesbaden 1962–1971.

ders.: Der Agrarwirtschaftsraum der Bundesrepublik Deutschland. In: Beihefte zur Geogr. Zeitschr. H. 24. Wiesbaden 1970.

ders.: Der ländliche Raum zwischen Harmonie und Flexibilität. In: Die Zukunft des ländlichen Raumes. 1. Teil: Grundlagen und Ansätze. Forschungs- und Sitzungsberichte d. Akad. f. Raumf. u. Landesplanung. Bd. 66. Hannover 1971, S. 55—65.

Sievers, A.: Geographisch-landeskundliche Erläuterungen zur Topographischen Karte 1:50 000. Blatt L 3314 (Vechta). 2. Lieferung. Bad Godesberg 1965, S. 34—41.

Strecker, O. u. a.: Neue Formen der Zusammenarbeit zwischen der Landwirtschaft und ihren Marktpartnern. Bonn 1962.

Windhorst, H.-W.: Von der bäuerlichen Veredlungswirtschaft zur agrarindustriellen Massentierhaltung. Neue Wege in der agraren Produktion in Südoldenburg. In: GR 1973, S. 470—482.

ders.: Spezialisierte Agrarwirtschaft in Südoldenburg (= Nordwestniedersächsische Regionalforschungen Bd. 2) Leer 1975. (1975 a).

Weitere Literaturhinweise zur Bearbeitung der Arbeitsthemen:

Baade, F.: Obst und Gemüse in Mitteleuropa. Hiltrup 1955.

Bartels, D.: Geographische Aspekte sozialwissenschaftlicher Innovationsforschung. In: Vhdl. Dtsch. Geographentag Kiel 1969. Wiesbaden 1970, S. 283—292.

Blankenburg, P. v. u. Cremer, H.-D.: Handbuch der Landwirtschaft und Ernährung in den Entwicklungsländern. 2 Bde. Stuttgart 1967 u. 1971.

Blenck, J.: Die Insel Reichenau. In: Heidelb. Georgr. Arb. H. 35. Heidelberg 1971.

Borcherdt, Ch.: Die Innovation als agrargeographische Regelerscheinung. In: Sozialgeographie. Darmstadt 1969, S. 340—386.

Cole, C. F. u. Johnson, A. H.: Die Landwirtschaft Kaliforniens. In: GR (1967), S. 41—47.

Das Königreich der Niederlande. Den Haag: Staatsdruckerei 1971.

Friese, H.-W.: Landesplanung und Landschaftswandel in Florida. In: GR 1969, S. 323—334.

Fröhling, M.: Die Bewässerungslandschaften an der spanischen Mittelmeerküste. In: Westf. Georgr. Stud. 17. Münster 1965.

Hägerstrand, T.: The Propagation of Innovation Waves. In: Lund Studies in Geography. Ser. B. Nr. 4, 1952.

Hahn, H.: Die deutschen Weinbaugebiete. In: Erdkunde 22 (1968), S. 128—145.

Hambloch, H.: Allgemeine Anthropogeographie. In: Beihefte zur Geogr. Zschr. H. 31. Wiesbaden 1972.

Hart, J. F.: Regions of the United States. New York 1972.

Higbee, E.: American Agriculture: Geography, Resources, Conservation. New York 1958.

Hofmeister, B.: Zur Frage der regionalen Differenzierung der US-amerikanischen Landwirtschaft. In: GR 24 (1972), S. 349—357.

Hoffmann, H. u. Windhorst, H.-W.: Probleme der Abfallbeseitigung aus der Massentierhaltung im Südoldenburger Raum. In: Neues Arch. f. Nieders. 27 (1973), S. 356—366.

Kamp, A. H.: Entwicklungstendenzen der dänischen Landwirtschaft. In: Vhdl. Dtsch. Geographentag Kiel 1969. Wiesbaden 1970, S. 86—94.

Lautensach, H.: Die iberische Halbinsel. München 1964.

Lenz, K.: Die Prärieprovinzen Kanadas. In: Marb. Geogr. Schriften H. 21. Marburg 1965.

Manshard, W.: Einführung in die Agrargeographie der Tropen. Stuttgart 1968.

Meffert, E.: Die Innovation ausgewählter Sonderkulturen im Rhein-Mainischen Raum in ihrer Beziehung zur Agrar- und Sozialstruktur. In: Rhein-Main. Forsch. Bd. 64. Frankfurt 1968.

Mellor, R. E. H.: Sowjetunion. München 1966. = Harms Erdkunde Bd. 3.

Prunty, M.: The Renaissance of the Southern Plantation. In: Geogr. Rev. 1955, S. 459—491.

Rees, H.: Australasia, Australia, New Zealand and the Pacific Islands. London 1962.

Schott, C. (Hrsg.): Beiträge zur Kulturgeographie der Mittelmeerländer. In: Marburg. Geogr. Schr. H. 40. Marburg 1970.

Schurig, W.: Neuseeland. In: GR 13 (1961), S. 45—57.

Sedlmeyer, K.: Landeskunde der Sowjetunion. Frankfurt 1968.

Sievers, A.: Ceylon. Wiesbaden 1964.

Schmieder, O.: Die Neue Welt. Bd. 1: Mittel- und Südamerika. München 1962. Bd. 2: Nordamerika. München 1963.

Wagner, H.-G.: Die Kulturlandschaft am Vesuv. Hamburg 1967.

Warkentin, J. (Hrsg.): Canada. A Geographical Interpretation. Toronto 1967.

Watson, J. W. u. Sissons, J. B. (Hrsg.) The British Isles. A Systematic Geography. London 1967.

Windhorst, H.-W.: Innovationen. Ihre Behandlung im Unterricht am Beispiel des Baumwollanbaus im Süden der USA. In: GR 1972, S. 358—365.

ders.: Die Landwirtschaft der Vereinigten Staaten. Strukturelle und regionale Dynamik. Wiss. Paperbacks Geographie. Wiesbaden 1975 (1975 b).

ders.: Wandlungen in der Struktur und regionalen Verteilung der Rindviehmast in den Vereinigten Staaten. In: GR 1976, S. 65–70.

ders.: Die Agrarwirtschaft der USA im Wandel. In: FRAGENKREISE, Paderborn 1976.